Lore Jarosch

ICH, ELISABETH

Lore Jarosch

Ich, Elisabeth

Meine geheimen Gedanken und Gefühle

Roman

Marion von Schröder

Für meine liebe Waltraud Orthacker
& Bramwell

Die Autorin verzichtet zugunsten einer bekannten
Tierhilfsorganisation auf ihr Honorar.

Der Marion von Schröder Verlag ist ein Unternehmen
der Econ & List Verlagsgruppe

ISBN 3-547-75062-8

Gesetzt aus der Berling Roman
bei Franzis-Druck GmbH, München
Druck und Bindearbeiten: Graphischer Großbetrieb, Pößneck

In Anlehnung an ein Drehbuch
von Hans Dichand und Norman Mailer.

Ich habe heute die Schönheit von Possenhofen nicht nur gesehen, sondern gespürt, bin tanzend auf einer Waldlichtung mit den Bäumen eins geworden, dem Moos, den Bergen, dem Himmel – die Sonnenstrahlen haben meinen Körper umfangen, und die Nebelstreifen haben mich wie eine Elfe fühlen lassen. Ich war glücklich! Der Hund hat meine Freude in seinen Schwanz übertragen, und wir sind so übermütig weitergelaufen und gleichzeitig über einen Zweig gesprungen, daß ich nicht einmal die Vögel beneidet habe, denn ich bin keinem Ziel gefolgt als dem meines Herzens. Vater hätte es verstanden! Vielleicht war es diesmal auch ein Davonlaufen, ein Flüchten in die Arme der Natur. Ich kann nicht verstehen, daß ich »Ja« gesagt, eine solche Entscheidung getroffen habe – und doch ist es klar aus meinem Wesen gekommen, hoffe ich. Es war ehrlich, aber es ist mir, als befände ich mich in der Unsicherheit eines Traumes, selbst meine eigenen Worte zähle ich dazu. Mein Wille? Was ist mein Wille? Ich weiß es nicht, ich weiß nur, daß ich es schaffen möchte. Ich will es schaffen, möchte Franz glücklich machen, und ich glaube, ich kann es, denn es scheint, er findet seine Freiheit in meinem Wesen. Ich habe mich nie schön gefühlt, ich habe es nie gebraucht; es ist mir dieses Gefühl nie abgegangen, das ich heute zum ersten Mal aus mir selbst empfunden habe. Doch heute habe ich mich schön gefühlt – schön genug für die Berge, und schön genug für Franz, schön genug für die Welt. Wenn Franz mich angeschaut hat, bin ich mir zuerst vorgekommen wie ein Bild – steif, und die Haarnadeln mußten richtig sitzen. Dann aber, wenn ich mich bewegt habe und weg war von der Hofgesellschaft bei Tisch, war ich ich selbst. Ich war sicher, und seine Blicke waren unter meiner Führung. Eigenartigerweise bin ich mir nicht mehr so angestarrt vorgekommen, sondern es gefiel mir. Franz hat mir einen Papagei nach Possenhofen geschickt. Er ist so süß! Beide!

Ja, Franz hat mir einen Papagei nach Possenhofen geschickt. Diesen Satz habe ich mir letzte Woche in der Kutsche unzählige Male vorgesagt, als sie mich von zu Hause weggebracht haben. Ich habe beinahe die ganze Strecke geweint, zuerst wegen der Leute, die mir so herzlich zugejubelt haben, dann weil Mama und Papa mir nicht die Hand gegeben hatten, und dann weil sie sie mir gegeben hatten, dann weil Franz nicht da war, und zuletzt, weil er da war. Mama hatte auch einmal verstohlen Papas Hand berührt, und er hatte sie ebenso schnell kurz umschlossen. Es war das erste

Mal, daß ich meine Eltern so gesehen hatte. Franz war reizend gewesen, war mir auf das Schiff entgegengeeilt, hatte mich vor allen Leuten geküßt, und ich bin mir nicht mehr so allein vorgekommen, habe plötzlich kein Verlangen nach anderer Sicherheit gehabt als ihm zu folgen.

Wo sind die Tage von Ischl, die zwei Wochen vor der Hochzeit, in denen Franz für mich Zeit gehabt hat? Jeden Tag sind wir ausgeritten, jeden Tag war ich für ihn die Königin. Ich habe mich als seine Aufgabe gefühlt und noch keine Ahnung gehabt, was es bedeutet, Kaiserin zu sein. Gewiß, ich habe gewußt, es wird vielleicht sogar ungeahnt schwer werden, man gab mir Geschichtsunterricht, Sprachunterricht … doch ich habe nicht gewußt, daß ich meine Identität aufgeben muß. Wien ist die Hölle! Sie haben mir anfangs gar keine Zeit gelassen, unglücklich zu sein, so aufgeputzt mußte ich sein, dressiert umhergehen und mich ans Fenster stellen, als ich noch verschlafen war. Die Leute da draußen stören mich im Moment nicht einmal so, aber die Hofdamen, der Hofstaat, meine neue »Familie«! Hier kann ich nichts mehr dem starken geliebten Baum in Possenhofen erzählen, mich an ihn lehnen, seine Rinde umfangen. Hier bleibt mir nur das Papier, es ist ja auch einer seiner Artgenossen gewesen; ohne dieses Papier hätte ich nichts – Briefe an einen Traum. Schon jetzt, vierzehn Tage nach der Hochzeit, brauche ich einen Traum, weiß ich ihn nicht mehr zu benennen.

Franz ist nicht zärtlich. Er sagt zärtliche Worte, während er nicht zärtlich ist – er merkt es nicht einmal, seine Höflichkeiten zeigen es mir, er merkt es sicher nicht, weswegen ich ihn auch liebe. Ich wollte heute zu ihm, in die Hofburg, nachdem ich es mit meiner neuen Schwiegermutter, Tante Sophie, nicht mehr ausgehalten hatte. »Schau nach links, verneige dich nicht so tief, du bist die Kaiserin, lächle!« Dabei hat sie mir durch Mama sagen lassen, ich soll meine Zähne besser putzen. Noch nie hat mich ein Mensch so gedemütigt. Jedesmal, wenn ich sie sehe, denke ich daran – und das ist ziemlich oft. Tante Sophie hat es mir verboten, zu Franz zu fahren, »es geziemt sich einer Frau nicht und schon gar nicht einer Kaiserin, ihrem Mann nachzufahren«, hat sie gesagt. Das sehe ich ja ein, aber wenn ich muß? Sie hat mich dazu gebracht – glaubt sie, es macht mir Spaß? Ich versuche nur, von Franz am Tag die Zärtlichkeit zu holen, an die zu glauben er mir nachts versagt. Beim gestrigen Diner hat der Kaiser so schnell gegessen, daß selbst Tante Sophie nicht mehr mitgekommen ist und aufgegeben hat. Ich habe eine Art Solidarität mit mir verspürt, denn ich habe gar nichts gegessen – und als sie, sofort nachdem er fertig war, die Teller abserviert haben, sah ich ihren bedauernden Blick, mit dem sie dem Knödel nachgeschaut hat. Irgendwie hat mich das den Bruchteil eines Augenblicks lang befriedigt, daß auch sie in ihrem Wohlbefinden von einem Knödel abhängen kann.

Franz wollte gleich zu mir, hat mich angesehen, ich glaube, ich bin errötet, mir waren plötzlich die Wangen so heiß, aber es ist niemandem aufgefallen – überhaupt, der Ton ist sehr locker an diesem Hof. Im Gegensatz zu mir kommt sich der Hofstaat recht wenig eingesperrt vor, ihm gehört das Schloß bald mehr als mir und Franz. Franz ist ja nie zugegen – natürlich herrscht Tante Sophie hier wie ein Drachen. Unlängst ist mir aber eine Dame aus ihrem Gefolge recht abgehetzt entgegengeeilt, nachdem sie offenbar von einem Schoß aus einer Nische gesprungen war, ich hatte noch die Männerschuhe erkannt – ihnen scheint das noch Spaß zu machen. Irgendwie beneide ich sie, sie gehören mehr zu Franz' Empfinden als zu meinem, gehören mehr zu ihm als ich.

Es ist bald Mitternacht und Franz ist immer noch nicht da. Ich will ihm keine Vorwürfe machen, ich wollte ihm nur sagen, daß wir ein Baby bekommen.

Tante Sophie verlangt von mir, daß ich im Garten herumstolziere, »mich zeige«, dabei würde ich mich lieber vergraben mit meinem dicken Bauch. Franz ist sehr nett. Er fängt jeden zweiten Satz mit »mein Engel« an, nachdem er den vorigen damit beendet hat, und manchmal lachen wir noch miteinander. Er hat die Hunde aus Bayern nach Laxenburg kommen lassen, und obwohl er keine Hunde mag, habe ich lachen müssen, als er sich neben sie auf das Sofa gesetzt hat – mit einem Gesichtsausdruck! Er hat auch mitgelacht, und ich glaube, er mag mich von Tag zu Tag lieber, je häßlicher ich werde. Er ist jetzt auch zärtlicher und nachts nicht mehr so oft bei mir.

Mit dem Ausreiten ist es nun vorbei. Wir können keine innigst geliebten gemeinsamen Stunden im Freien, in Freiheit verbringen, die uns durch die Stärke, Sanftheit und Geborgenheit der Pferde verbinden.

Heute ist Tante Sophie einfach so in mein Zimmer gekommen. Hat sie geklopft? Ich war ziemlich spärlich bekleidet, mir ist während des Ankleidens etwas eingefallen, und so konnte ich eben noch das Gedicht und den Brief an Dich – ich liebe Dich, Traum, wer immer Du sein magst – in die Lade sperren. Sie hat mich eigenartig angesehen, als sie mich in Unterwäsche über den Frisiertisch gebeugt sah, und sie hat mich gefragt, ob mir unwohl sei. Ich war angenehm überrascht, und das erste Mal habe ich gefühlt, daß mein Baby mir gehört – auch die Auswirkungen meiner Schönheit, die Franz trotz der Leibesmitte ahnt, helfen mir jetzt immer mehr. Manchmal, wenn Tante Sophie nicht da ist, wird mir bewußt, daß *ich* die Kaiserin bin – ich, niemand sonst – aber ich fühle sie immer irgendwie in meiner Nähe, und wenn sie mir protokollmäßig bei einem Empfang den Vortritt läßt, kommt es mir vor wie Spott des Schicksals, als müßten wir uns alle einer unsichtbaren Kaiserin beugen, die Sophie heißt. Als sie heute das Zimmer wieder verlassen hat, hat sie die Spielzeugpferdchen mitgenommen, die ich den Kindern vom Zirkus schenken wollte. Sie meint es gut, sagt sie, und ich dürfe mich nicht so nahe mit dem Volk einlassen, damit es nicht seinen Respekt verliere. Doch ich habe es auch gut gemeint.

Außerdem waren die Pferde, der Zirkus Renz, das

ganze Treiben im Prater die einzige Fröhlichkeit an den Hochzeitsfeierlichkeiten, und das habe ich den Leuten nicht vergessen, die meine Freude waren. Ich wäre am liebsten gleich mitgeritten, Tante Sophies Fittichen entschlüpft und vor den Augen des Kaisers in die Manege gestiegen, um für immer getarnt durch Phantasie, die für die beiden unsichtbar ist, in die Heimat zu entschwinden. Sie wollen mir hier die Flügel brechen.

Manchmal glaube ich, seine Mutter gibt Franz das Gefühl, sie glücklicher machen zu können als mich. Sie lobt ihn, wenn er etwas richtig macht. Ich kann ihn nicht loben, ich käme mir lächerlich vor und überheblich. Ich will ihm auch im Bett nichts vorspielen, dem einzigen Ort, an dem wir allein sind – ich besonders, meine ich manchmal – und obwohl ich eben dann, wenn er sich freiwillig aufgebend am meisten bei mir ist, die Macht nicht nützen möchte, die ich dann verspüre. Ich fühle für mich selbst Sehnsucht, und wenn ich öfters weinen muß, bin ich ihm dankbar, denn ich muß nicht lügen, sondern einfach nur seinen Auslegungen nicht widersprechen, in denen er mich glücklich wähnt.

Ich kann mit niemandem sprechen – außer mit den Tieren, aber ihnen brauche ich nichts zu erzählen, sie wissen mehr als ich selbst, erzählen mir von mir durch ihre Reaktionen, bevor ich diese selbst wahrnehme. Der Papagei spricht auch schon einige Sätze, kommt mir vor wie ich, wobei die Sätze die am wenigsten verbindende Art der Unterhaltung zwischen uns sind.

Einschnüren muß ich mich nicht mehr, aber genau

das hat mich am wenigsten gestört. Ich fühle eine gewisse Harmonie von meiner Taille ausgehend, die mich und andere spüren läßt, daß ich schwebe. Es ist, als zünde man ein inneres Licht an, und die Leute sehen auf mich. Dieser intime Abstand gefällt mir, ich spüre mich betrachtet wie eine Statue, die doch Leben geben kann, und mit den Augen Wärme verstreuen. Es ist wie tausend kleine Hände schütteln, ohne jemanden zu berühren. Ich fühle mich zugehörig zum Leben wie unter Bäumen, wenn ich nicht angestarrt, sanft beobachtet, mich selbst auf die Gefühle der anderen wirken lassen darf. Einige Male ist mir das schon gelungen, wenn auch halb verdeckt, immer nur eine Ahnung des Menschlichen zeigend, mit Hilfe des Fächers, des Pferdekopfes, des Windes, der Zeit. Welch Unterschied die Zur-Schau-Stellung der öffentlichen Auftritte! Wie ein Zirkuspferd komme ich mir vor, nur nicht so frei!

Letzte Woche ist das Baby zu mir gekommen. Selbst die Sorge um Intimität ist in den Schmerzen verflogen, als Tante Sophie Franz dann doch, obwohl er mir etwas widerstrebend erschien, hinausgeschoben hat. Sie haben mich von überall scheint's gepackt – so viele Hände haben mich noch nie gehalten, und doch habe ich mich allein gefühlt, bis mich mein Kind befreit hat. Es war mir egal, ob ich glücklich hätte sein sollen, weil es ein Mädchen war. Franz war glücklich. Und hätte er ein ganz kleines Stückchen Platz für Sorgen in seiner Seele für sich behalten und mir nicht gezeigt, so wäre es wohl wegen seiner Mutter gewesen. Aber ich glaube, selbst Tante Sophie war übermannt, und so habe ich auch sie umarmt, ohne nachzudenken, und zu einem Teil meiner Freude machen wollen.

Wenn das Baby weint, weine ich. Ausgerechnet Sophie hat sie es nennen müssen. Tante Sophie hat meinem Baby einen Namen gegeben ohne mich zu fragen. Aber trotzdem kann sie nie meine Liebe empfinden. Das Kind schläft nicht bei mir. Ich hätte es am liebsten neben mir, möchte es die ganze Zeit spüren. Was kann das Baby dafür, daß es eine Tochter der Kaiserin ist? Tante Sophie meint, es wird sich daran gewöhnen, allein zu schlafen, und außerdem wäre ja sie da. Es wird sich vielleicht daran gewöhnen, aber ich nicht, daß es sich daran gewöhnen muß. Ich möchte, daß es wie ein durchsichtiger Körper in Wellen alle Liebe dieser Welt aufnimmt.

Meine größte Angst, der Hang zum Wahn meiner Wittelsbacher Familie, soll in meiner Tiefe bleiben, niemals aufsteigen in die Realität meines Kindes. Ich erinnere mich zu gut meines ersten Besuches einer Heilanstalt, um der Angst ins Angesicht zu schauen, die mir wie mein dortiges Erleben immer gegenwärtig sein wird.

Was mich dabei am meisten trifft, ist in meiner Ansicht von Leben verankert, das oft in den Traum fließen muß, um dessen Normalität auszuleben, die Freiheit in den Sinn.

Ich habe damals den Primarius gefragt, wie die Geisteskranken die Wirklichkeit erleben, und ich denke, in seinem Gesicht Freude erkannt zu haben; er wollte nicht nur »heilen«, sondern den Sinn der Menschen verstehen und ihn ihnen in dieser Welt zu leben erleichtern.

Wir sind eine Galerie entlanggegangen, haben hinuntergeblickt auf die Männer und Frauen, durch unförmiges Gewand zu beinahe nicht unterscheidbaren Wesen gemacht, die das Beharren in ihrer Ziellosigkeit vereint. Die Schwestern und Wärter scheinen nie den Wunsch zu haben, sich diese zu erklären – wie Schattenwesen leben sie, eine Gruppe streng getrennt von der anderen.

Ich wandte mich noch einmal um, der Primarius öffnete weit die Türe des Baderaumes. Ein junges Mädchen in einer Wanne gab sich so sehr, daß es die Situation konzentriert in sein Leben holte und damit für mich zum Sinn machte, der für einen Augenblick auch der meine war. Eine Schwester mit einer Handarbeit neben ihr erschien mir unpassender in diesem Lebensmoment, der mir in dem Raum bestimmt war, als das Mädchen, das zu entschweben schien.

Ich bat, dem Mädchen ausgesuchte Aufmerksamkeit zukommen zu lassen, und der Primarius bezeichnete diesen Zustand als eine Erbkrankheit, die unheilbar sei. Das Mädchen wäre dem Wahn erlegen, körperlos zu sein, nachdem man es von Selbstverletzung und Tötungsversuchen des eigenen Körpers habe abhalten können. Es hatte dem Primarius gesagt, Menschen wären Gefangene ihres Körpers. Als ich es ein letztes

Mal ansah, nahm ich den Gedanken mit, daß es nun seine friedliche Welt erreicht hatte, in der es immer bleiben wird.

Und macht ihr Glück gleich einem Schalle flüchtig,
Wie Schatten wandelbar, wie Träume kurz …
Doch eh' ein Mensch vermag zu sagen: schaut!
Schlingt gierig ihn die Finsternis hinab:
So schnell vergeht sich des Glückes Schein.«

Du, Franz, hast mich in den Sommernachtstraum gebracht. Während du im Theater neben mir davongeschlafen bist, habe ich die Harlekinade als bitteren Ernst erkannt, als meinen bitteren Ernst. Du hast mir Shakespeare verstehen geholfen. Du hast mich in den Traum geführt, mein Oberon, und wie Hohn erinnere ich mich meines letzten Elfentanzes in Freiheit in meiner Heimat. Was ist meine neue Heimat? Bist du es? Sind es die Kinder? Man hat sie mir ja weggenommen. Nach der Geburt von Gisela war ich zu erschöpft, dagegen anzukämpfen, daß man auch sie meiner Liebe genommen und in die Obhut einer Amme gegeben hat, die doch nur Vorwand für deine Mutter war, ihre äußere Nähe gegen meine innere auszutauschen. Ich habe mir selbst das Recht abgesprochen, zu fühlen, weil ich von dir nicht enttäuscht sein wollte, aber in mir hat alles geschrien, wie immer, Franz, nach innerer Berührung, die sich im Wunsch des Körpers fortsetzt. Merkst du nicht, daß mit meinem Verlangen auch unsere Liebe weggesprochen wird? Es demütigt nicht einmal mich, sondern unsere Liebe, wenn ich dich um Nähe bitten muß. Ich kann um der Liebe willen nicht mehr tun, als ich getan habe, schließe daraus nicht, daß ich nicht mehr brauche! Diese kleinen freundlichen Sätze, die du mir hinwirfst, sind nichts als Anreiz, der in den eigenen Hunger lenkt. So ziehe ich es vor, überhaupt auf Essen zu verzichten.

Dieses Theaterstück führt mir auf schauerlichste Weise die Wahrheit vor, läßt mich selbst in Titania erkennen, der Feenkönigin, die ihr Gemahl, der Feenkönig Oberon, durch seinen Kobold Puck auf den falschen Weg gezwungen, ins Schattenreich verführt. Wenn sie aufwacht, muß sie den ersten lieben, den sie sieht. Wie schlecht sie doch heute gespielt hat, diese Titania mit dem herrlichen Haar – ich muß es selbst am besten wissen, es gibt keine, die es verständiger beurteilen könnte als ich, es ist ihr nichts vorzuwerfen. Aber ihre Friseurin habe ich ihr wenigstens gestohlen, Fanny, diesen hervorragenden Kunstverstand, mußte ich von dem Theaterbesuch mitnehmen. Fanny versteht mein Haar, und jedes ausgerissene schmerzt sie so sehr wie mich.

Ich habe ihr sogar vom Sommernachtstraum erzählt, und ich glaube, sie hat es ganz gut verstanden. Besser sollte sie es auch nicht verstehen, das wünsche ich niemandem, kann es nicht erwarten und verlange doch nichts mehr. Im Totenreich findet man Verständnis, und dennoch sucht man oft dieses Stück Ekstase ins Leben zu reißen, von dem man sich angewidert abwendet. Man kennt sich selbst nicht mehr, will sich selbst nicht mehr kennen; man wird nicht mehr zurückgeliebt in sich selbst, du liebst mich nicht mehr, wie ich geliebt werden möchte, liebst mich nur mehr als Möglichkeit, die du verpatzt hast. Nie wieder werde ich sein können, nie wieder wirst du auf mich reagieren, ich kann dir nicht mehr vertrauen. Du bist nicht mehr mein Mann im Menschenreich, bist der Feenkönig Oberon, der mich hinabgezogen hat in sein Reich, mich zwingt als dazugehörige Feenkönigin zu agieren, als wäre nichts geschehen – ich kann nicht. Und doch verleitet mich Puck beinahe jeden Abend, läßt mich meine durch dich zu Trieben gemachte Liebe auf seine Weise spüren. Gift streut er mir auf die Lider, um mich willig zu machen, mit Gift konntest du mich leiten, mit höflichem Gift. Schleichend nagt die Höflichkeit deines Hofstaats, deine falsche ehrliche Höflichkeit an mir, deine ehrlichen Hände streicheln ehrliche Liebe in einer falschen Situation. Es ist doch nur die Situation, Franz? Es war doch nur die Situation? Ich habe dich doch geliebt – aber wie kann ich einen Umstand miteinbinden, den ich genauso ehrlich hasse, wie ich dich geliebt habe? Ich habe an dich geglaubt, niemals an die Situation, und du verlangst von mir, daß ich an sie glaube wie du, sie wichtig nehme wie du? Ich wollte, nachdem ich dir meine Seele auch durch meinen Körper geschenkt habe, nicht am nächsten Tag mit einer Schatulle Gold bezahlt werden, obwohl ich wußte, es ist Tradition, und beim Frühstück danach wollte ich weniger deiner Mutter wegen, als vielmehr ihrer Diskretion ausweichen, die sie dann ohnehin nicht gehabt hat. Als du mich gezwungen hast, zum gemeinsamen Frühstück zu gehen, weil du dich selbst gezwungen hast, bin ich mir das erste Mal verlassen vorgekommen – nicht einsam, nein, verlassen.

Du hast sie gewählt, die Tradition, nicht meine Gefühle. Vielleicht wäre dein Verhalten anders gewesen, hätte ich dir meine Gefühle damals gesagt, aber ich konnte sie dir nicht sagen – es wäre dir damit die Möglichkeit verwehrt gewesen, mir ein Geschenk zu machen. Eigentlich ist es die einzige Art von Geschenk, die ich jemals von dir gebraucht habe. So wie mich damals der Papagei am meisten gefreut hat, den du mir mitsamt dem Geschmeide nach Possenhofen geschickt hast. Die Diademe sind mir gar nicht mehr aufgefallen, irgendwann verliert sich der Glanz und man braucht die Buntheit des Gefieders, unter dem Lebendiges schlägt. Ich liebe die Ehrlichkeit der Tiere.

Sieh mal! Der Eselskopf! Das erste Wesen, das Titania erblickt, es ist wieder allgegenwärtig in meinen Gedanken – Titanias Wollust und Fluch, den sie durch Pucks Gift und Oberons Wollen in ihr eigenes gelenkt, ertragen, lieben mußte, wird mal diesem, mal jenem übergestülpt, nein, keine Angst, nicht dir. Noch lüftet sich nicht das Geheimnis – meiner Hoffnung? Meiner Qual? Den Ursprung weiß ich, doch nicht, wo er noch mit mir hinzugehen vermag.

Gute Nacht, Franz, gute Nacht, Traum, ich hab' nicht gedacht, daß ich mich so wieder bei dir melde …

Ich kann mich dir nicht schenken, Franz, wenn du mich nicht willst, nur willst. Die unterdrückten Gefühle der Liebe bäumen sich auf zu einer Möglichkeit, die sich im Bösen äußert. Energie, entweder gegen mich selbst gerichtet oder im Traum an mir ausgelebt … Was nützen Erklärungen, wenn es so ist?

Du kannst mich nur haben, aber du spürst selbst, daß du das nicht willst. Du willst, daß ich mich selbst habe, und deshalb verzichtest du auf mich. Ich habe deswegen ein schlechtes Gewissen, und es freut mich aus diesem Grunde beinahe, wenn du deine Blicke manchmal anderswohin schweifen läßt. Es erleichtert, aber es tötet auch.

Nein, ich werde meine Blicke eher schließen, als deinem Puck zu folgen. Denn töten – will ich dich nicht.

Aber diesmal wirklich Gute Nacht, Franz – der Eselskopf ist auch verschwunden. Ich muß die Zeit nützen.

Ich träumte nachts.

Der Eselskopf an meiner Wange war warm und weich, beugte sich über mich und flüsterte: »Was ist das Schönste zwischen Mann und Frau?«

Ich wehrte die männliche Intensität seiner Antwort ab, bis er ein Einsehen hatte und hinter seiner Freude verschwand, mir Zugang zu endloser Intimität meines Körpers zu schaffen.

Erwachend versteckte ich mich in meinem Haar, und das Schamgefühl um meine Erleichterung wich, als Franz das Schlafgemach betrat. Ich verschloß meine Augen vor meiner Seele, als er mein Gesicht aus meinen Haaren grub, öffnete meine Lippen, um mir nicht das Geheimnis aus meinem Blick nehmen zu lassen. Er war mir fremd, und er hatte nicht die Rücksichtnahme des Eselskopfs. Während seine Bemühungen um einen Thronfolger horribel lang waren, küßte ich ihn in der Hoffnung, ein Stückchen männlicher Gewalt von meinem Leib zu nehmen. Als ich wieder wagte, meinen Körper zu bemerken, trafen wir einander lächelnd in demselben Wunsch.

Ich fragte ihn leise: »Weißt du, wie ein Kirschbäumchen entsteht?« Seine Hand strich mir eine Locke aus dem Gesicht und blieb in meinem Haar. Er sieht nicht in meine Seele. Mein Körper genügt ihm und das Lächeln darauf. Meine Seele ist für ihn mein persönlicher Luxus, den er mir gewährt. Ich dachte: »Ich möchte dich jetzt an der Stelle berühren, die für dich die schönste ist, und ich möchte, daß du sie für mich findest – und mich trotzdem in die Suche miteinbeziehst, mir hilfst, wenn ich eine schönere finden will. Ich möchte so gern Konzert spielen mit all deinen Empfindlichkeiten, sie auf einmal meine Liebe spüren lassen und vor deinem Aufschrei die Beruhigung meiner Liebe einsetzen müssen, damit du ihn mir schenken kannst und daraus ein Kirschbäumchen wächst. So wollte ich ein Kind.

Ich wollte das Kind für dich, wegen dir, nicht für das Volk. Ich wollte kein Geschlecht, ich wollte Geliebtes gebären und mit Geborenem Liebe schenken. Ich wollte nicht einmal unbedingt ein Kind, ich wollte es nicht um des Kindes willen, sondern deinetwillen, aus meiner Liebe zu dir. Ich wollte dich mehr lieben als das Kind, um es zu bekommen – und daß du das weißt.

Ich wünsche mir, daß du meiner Liebe ein Zuhause gibst, indem du sie zu deinem Zuhause machst, alles dorthin trägst, was du bist, und mich glücklich machst.

Ich möchte so gern noch einmal in dir die Liebe suchen.

Ich möchte in der Gesamtheit deines Empfindens alles geben können – oder gar nichts mehr.

Wenn ich dir von meinem Kirschbäumchen erzähle, denkst du, ich bin verrückt. Du wirst antworten, wir brauchen einen Thronfolger. Du hast mir nicht einmal die Angst nehmen können, meine Mutter zu fragen, ob du mich verstoßen wirst, wenn ich keinen Thronfolger bekomme.

Auch wenn ich ihn bekomme, wird sich in die Freude der Gedanke mischen, was wäre, hätte ich nicht …? Geborgte Freude wird die echte trüben, sobald diese wieder Platz für anderes Fühlen läßt. Wie soll ich es dir sagen? Das, was annähernd meine Leidenschaft in dein Verstehen bringen könnte, ist für dich die Hofburg.«

Er griff nach meinen Beinen.

»Gott, Franz, wenn ich gewußt hätte, wie wenig du brauchst, um glücklich zu sein, wie hoch du mir mein Niedrighalten der Ansprüche an mich selbst in Liebe anrechnest! Ich kann nicht sicher sein, denn Beine gibt es viele. Wenn auch meine noch besonders schön sind, so geben dir doch vielleicht andere das Gefühl, du genügst ihnen ganz.«

Kaum berühre ich die Realität, bin ich unglücklich –

Kaum berührt mich der Traum, ist mir bang.

Ich bin nirgendwo zu Hause.

Wo finde ich Ruhe?

Auf dem Rücken der Pferde, wenn man als zentraler Punkt an allem Geschehen vorbeischwebt, und es dadurch erträglicher macht. Die Bäume spielen mit, sie flitzen vorbei und stehen da zu meiner Freude ... Die Natur läßt mit sich machen, was ich will. Sie kann Spielgefährtin sein. Das Schicksal nicht, oder vielleicht doch, aber ich bin zu abhängig von vielen Personen – den Kindern, Franz, um es nicht durch sie an mir geschehen zu lassen.

Tante Sophie hat aus dem Fenster gesehen; sie ahnt nicht, daß ich sie aus der Entfernung bemerkte, aber ich spüre sie. Ich war mit dem Stallmeister zu Pferde unterwegs gewesen, wir waren stehengeblieben, hatten uns unterhalten, als sie uns vom Schloß aus beobachtete. Sie hatte mir verboten, zu reiten, offiziell wegen des Thronfolgers, der meines wilden Lebenswandels wegen niemals auf die Welt käme, sagt sie, doch sie mag es nicht, wenn ich ihrer Ansicht von Zugehörigkeit nicht folge, die mir ihre Grenzen um die Menschen steckt, die ich sehen darf. Über die von ihr dressierten Hofdamen geht das wohl nicht hinaus. Kaum läßt sie mich die Kinder sehen – immer ist sie dabei; das ist oft, als sähe ich sie nicht. Sie nimmt mir jeden Einfluß, und Franz ist nie da, lebt von und für seine politischen Geschäfte. Sie reduzieren mich auf mein Haar. Fanny versteht es, sie ist für mich da.

Während des Frisierens ist Tante Sophie zugegen gewesen, hatte versucht, mich einzuschüchtern, weil ich es gewagt hatte, mir das einzige, das ich besser konnte als alle anderen, nicht nehmen zu lassen – das Reiten. Sie erklärte mich für aufsässig in allen meinen Gewohnheiten, in allem, was ich bin. »Eine Kaiserin trinkt kein Bier.« »Du siehst ja, daß sie's tut«, sagte ich und erschrak über meinen Triumph, sie zum Schweigen gebracht zu haben. Fanny jedoch hielt mir demonstrativ den Spiegel hin wie eine Trophäe, die uns als Verbündete erscheinen ließ.

Ich war abends bei den Kindern gewesen, und Tante Sophie hatte mich endgültig hinausgedrängt.

Ich hatte den Kindern etwas sagen wollen, und ich wollte es ihnen allein sagen, ohne daß Tante Sophie mein Herz beaufsichtigte. Ich wollte ihnen vom Leben erzählen, und was ich ihnen wünsche. Als ich Tante Sophie sah, blieb ich in der Tür stehen und dachte, ich wünschte ihnen, daß ich durch jede ihrer Nächte gehen dürfte, auch durch die Vergangenheit, daß ich sie über den Kopf gestreichelt hätte, ohne daß sie aufgewacht wären. Tante Sophie wandte sich kurz zu mir, bemerkte: »Die Kinder schlafen schon, sie sind müde, und sie müssen jetzt schlafen. Während du ausgeritten bist, haben sie geweint.« Gisela begann leise zu weinen. Ich stürzte hin, wollte sie an mich nehmen, doch Tante Sophie hatte sie bereits hochgehoben und drückte sie an sich. Erfüllt von Schmerz, rannte ich ins Schlafgemach, und Franz in die Arme. Franz war gerührt und umschloß mich sogleich. Ich liebte ihn und ich wollte ihn lieben. Er küßte mich leidenschaftlich. Ischl war wieder gegenwärtig und wie schön dort die Küsse waren, einst verborgen und nun erlaubt.

Wir warfen uns aufs Bett und ich versteckte meinen Schmerz in einem Kuß, der ihn glücklich machte und mir jenen Trost vermittelte, der mir in diesem Moment das Weiterleben ermöglichte. Franz hielt zu mir! Franz war für mich da! Ich hatte ja doch ihn, und was immer war, er liebte mich.

»Wenn du aus deinem eigenen Traum erwachst, bist du ein Traum«, sagte er, und sein Küssen ließ mir keine Zeit zu atmen.

»Deine Mutter«, begann ich, als er sich auf mich stürzte.

»Ja, was ist mit meiner Mutter?«

»Sie will mir die Kinder wegnehmen.«

Franz drehte sich augenblicklich zur Seite. Er nahm meine Hand und sah mich nicht an. »Das bildest du dir nur ein.«

»Nein«, sagte ich und vergrub alles, was ich hatte, in seinem Körper, »ich schwör's dir.«

Er verharrte ganz still, bewegte sich nicht, lag mit meinen Armen um seinen Hals wie mit einer schweren Kette.

Ich streckte mich neben ihm ganz aus, spannte meine Schönheit auf wie ein Netz und wartete.

Ich beobachtete, wie Franz, der immer ruhig geordnete Franz, in der Schlamperei endete, nicht zu wissen, wen er zuerst entkleiden sollte. Als er es in Windgeschwindigkeit geschafft hatte, sagte ich: »Ich will die Kinder auf unsere Reise nach Ungarn mitnehmen.«

Franz war geschockt. »Das erlaubt sie nie und nimmer.«

»Gute Nacht, Franz.« Ich kehrte ihm den Rücken zu.

Franz war fassungslos. »Sisi, liebe, gute Sisi, wie kannst du mich nur so …«

»… in Verlegenheit bringen?« holte ich seine Hilflosigkeit in meinen Satz. »Wer ist hier eigentlich in Verlegenheit, Franz? Wer wird gequält? Ich oder die Kinder oder deine Mutter?«

»Aber den Kindern geht's doch gut. Sie meint es auch für dich gut, Engel. Sie will dir helfen.«

»Sie hilft mir aber nicht, indem sie mir die Aufgabe als Mutter entzieht und meine Liebe ersetzt. Es sind unsere Kinder, Franz. Ich habe sie geboren, nicht sie. Ich will sie bei mir haben. Ich möchte, daß ihre Schlafräume neben die meinen verlegt werden, und ich möchte die Kinder nach Ungarn mitnehmen. Ich kann nicht anders, Franz.«

Er folgte den Wellen meines Körpers mit seiner Sehnsucht, die nur ich stillen konnte. »Also gut.«

»Du wirst mit ihr reden?«

»Ja.«

»Gleich morgen?«

»Gleich morgen.«

Ich öffnete mich ihm und fühlte mich so gerettet, daß ich den Mißbrauch der Liebe anerkannte und nur in bezug auf uns traurig war, daß meine Seele als Bitte nicht genügt hatte, um erfüllt zu werden. Das Glück und die Freude jedoch, die die Kinder mir brachten, trösteten mich darüber hinweg, daß ich meinen Körper Tante Sophies wegen verkaufen mußte – ich hätte ihn viel lieber verschenkt. Aber ich hatte Franz ja doch lieb, und als ich ihn fragte: »War das notwendig?«, antwortete er: »Nein, mein Engel«, und ich war ihm dankbar, obwohl ich ihm nicht glaubte.

In dem Moment, in dem du meine Seele verwundet hast, hat mein Körper selbst nichts mehr gefühlt. Nur durch meine Liebe für dich, die nicht aufgehört hat, konnte ich deine Lust an mir miterleben und dabei nur noch für dich empfinden. Ich hatte auch vorher für dich empfunden, sonst hätte ich mich dir gar nicht gegeben. Es war auf meine Weise, die du nun auf die deine reduziert hast. Ich wollte dir alle Arten der Lust durch Liebe schaffen, ausschließlich Liebe und ausschließlich Lust durch schönes Gefühl, nicht nur für den Mann naturgegeben.

Ich wollte, daß dir deine Liebe zu mir genügt, anders als bei anderen Frauen vor mir zu empfinden. Du hast nie mit mir darüber gesprochen, aber ich habe aus dem Gespräch zweier Hofdamen erfahren, daß es zum guten Ton der Männersprache und Pflichtausbildung gehört, einen heranwachsenden Kaiser auch in dieser Art der Fortbildung zu unterrichten. Bei Edelmännern, meinten sie, kämen dann manchmal auch Hofdamen in den Genuß der Vorbildung. An ihrem Kichern merkte ich, daß sie sich selbst meinten, und ich dachte, wieso ich nicht in diesen Genuß kam, und wieso ich nicht so fühlen konnte wie sie. Warum muß ich lieben? Warum kann ein Mann mit einer Frau zusammensein, wenn er sie nicht liebt? Du hast diese Frauen nicht geliebt, glaube ich, sonst hätte es doch nur eine sein müssen. Warum können es diese Hofdamen? Bin ich so anders? Stelle ich andere Ansprüche? Nein, doch nur an mich selbst, ich will sie einfach nicht herabsetzen, weil ich es auch gar nicht kann. Ich finde alles in einem Menschen – oder gar nichts. Ich kann immer mehr in einem Menschen finden, mit ihm die Liebe, in der wir sind, weiterentdecken, sie fühlen, leben. Ich kann mit ihm ein kleines Stückchen Ewigkeit, die sie ist, fortsetzen. Ich kann durch ihn bestehen.

Nachdem du meine Seele verletzt hast, haben immer mehr fremde Personen meinen Körper in meinen Träumen beherrscht. Der Sommernachtstraum hat ihn dorthin gebracht, wo der deine längst oder immer schon war. Er hat die Seele als Eintrittskarte abgegeben und Tribut verlangt wie der Teufel. Durch Wissen um diese Gefahr, der selbst eine tote Seele noch ausgesetzt ist, war Lust verboten und auch Schmerz der Erinnerung an den Wunsch Liebe, doch es blieb einem nichts anderes, als sich den Anforderungen der Leiber anzupassen, denn aus nichts sonst bestand diese Körperwelt. Eine vom Teufel beherrschte Zusammenkunft, bei der die Seelen vor der Türe liegen und nicht mehr warten. Leiber wurden austauschbar, folgten ihrer Lust. Mein Körper blieb bei einer Hand, die ihm das Spüren vor das Denken zaubern konnte. Der Eselskopf, den ich dazu brauchte, weil er mir die Liebe einredete, half im Dabeisein, danach war nur noch er. Deren Wille war der meine, oder sie folgten dem meinen, ich weiß es nicht mehr, ich war nur noch Lust, dazu gemacht. Pucks Gift mußte mir Erlösung verschaffen, aus dem Reich des Teufels geschöpft, was du in der Liebe nicht vermochtest, du hast sie nie betreten.

Ob du auch das Reich des Bösen einmal in einem deiner Gedanken besucht hast, vielleicht sogar gleichzeitig mit mir? Warst du der Eselskopf? Oder haben deine Frauen es dir erspart, dir mehrere Leiber zu wünschen? Ob sie dich abgefangen haben in sich, ob sie deinen Wunsch in sich versteckt haben und du immer noch in ihnen verborgen bist? Deine Gedanken, stecken sie in allen Frauen, an denen wir vorbeifahren, wenn du aus der Kutsche siehst, in allen, die dir gefallen, begegnest du immer nur der Möglichkeit? Hast du überhaupt noch einen Willen? Willst du geliebt werden, immer wieder und überall? Du bist aber dann doch allein, keine weiß von der anderen, und du teilst es mit niemandem; macht das nicht furchtbar einsam? Wenn ich aufwache aus meinem körpererleichternden, auflösenden Traum, muß ich immer erst suchen, wer ich bin, mich zusammenklauben aus all den Empfindungen, die noch wach in mir sind und dennoch Vergangenheit sein müssen, wenn es hell wird. Auch tagsüber habe ich diese Träume, manchmal wenn ich reite, aber dann ist es meist die Vorfreude? Nein, es ist nicht reine Freude, das Wissen um Ausgeliefertsein an die Nacht, nur durch mein Körperbedürfnis getrieben. Eigentlich müßte ich dem Teufel dankbar sein, dem Sommernachtstraum, oder doch lieber Shakespeare? Ob Shakespeare ihm vor sich herschreibend entkommen ist, hingetrieben in die Phantasie der anderen? Ob er die Welt verseucht hat, angesteckt mit ihm, mit Puck, mit Gott? Brauchen die Menschen einen Teufel, um Gott zu leben? Einen Vorwand, ihr Bedürfnis als schlecht zu sehen, weil es Lust ist? Warum ist Lust schlecht und warum empfinde ich es so? Diese Liebe, die Lust macht, ist mir noch nicht begegnet, ich fühle sie nur durch dich, bedingt durch meine Liebe zu dir.

Damals, vor drei Jahren, als du eigentlich meine ältere Schwester Nené heiraten solltest, und mich genommen hast, wollte ich, daß du im Wald auf einer Bank sitzt, und ich habe mich gefühlt wie eine Katze, wollte meinen Kopf auf deine Knie legen. Ich habe es mir eine Woche lang gewünscht. Du hast gesagt: »Jetzt nicht, Sisi!« und ich habe es bis heute nicht getan.

Ich möchte so gern wieder nach Possenhofen! Die Eltern sehen, mich wieder in der Horde meiner Geschwister vergessen wie damals, als Haar noch nicht wichtig war, und ich mich vor dem wöchentlichen Kopfwaschen sträubte, dem die Magd jedes von uns Kindern unterzog. Einmal bin ich mit den langen Haaren in dem Holzwaschtrog hängengeblieben, und sie haben sie mir einfach abgeschnitten. Das war mir dann auch wieder nicht recht.

Possenhofen war so lustig! Wieviel wir Kinder gelacht haben! Selbst die Sorgen der Eltern, ein ungleiches Paar, durch uns und die Umstände zusammengeschweißt – nicht zu ihrer Freude, doch zu unserer – haben sich in unserer Rasselbande verlacht. Wir haben sie einfach verlacht! Sind in den Wald gelaufen und haben Heidelbeeren gepflückt. Mutter hat uns hoffnungsfroh ein paar Schüsseln mitgegeben, und wir sind mit verschmierten Mündern und leeren Schüsseln heimgekehrt. Mutter hat sich darin gefallen, so zu tun, als schimpfe sie, und Vater hat gelacht. Den Grund für unsere blauen Flecken an den Sonntagskleidern haben wir schnell auf Vater abgelenkt. Er konnte sie von den anderen nicht unterscheiden, und so haben wir ihn gefragt, ob wir diese Bluse und jenes Hemd anziehen dürften. Er hat immer »Ja« gesagt und wir konnten uns darauf berufen – die Sonntagssachen waren eben bequemer.

Ich muß Vater einmal davon erzählen, zu welchen Ausreden wir ihn benutzt haben. Es wunderte mich immer, daß er uns überhaupt erkannte, er war ja fast nie zu Hause, aber ich war sein Lieblingskind. Ich war wild und frei wie er, und ich hatte seine künstlerische Sensibilität, die er für das Malen entwickelte, der Natur gegenüber in mir, der ich meine ersten Gedichte hingab; von ihr schaute ich Sehnsucht und Hoffnung ab. Ich habe nie wieder an die Freiheit meiner Kindheit gedacht, ich habe sie immer in mir gespürt. Ich liebe Vater. Meine Beziehung zu ihm ist eine besondere, nicht eruierbar, wie unterirdische Verbindungen. Er ist oft nach Hause gekommen ohne mich zu grüßen, und ich habe mich geehrt gefühlt, weil es bedeutete, wir waren nie auseinander. Es gab keinen Abschied, und es ist auch heute noch so zwischen meinem Vater und mir.

Beim Frühstück, als ich mich einmal durch meine Kinder in einer Familie fühlte, grüßte ich aus solcher Selbstverständlichkeit nicht, doch Franz fühlte sich sofort in seiner Ordnung gestört, fragte, ob ich mich nicht wohlfühle, und Tante Sophie war eingeschnappt.

Ich versuchte ihr zu erklären, daß es in Bayern eine Ehre sei zwischen mir und meinem Vater, und sie meinte: »Auf einem bayrischen Schloß ist manches anders. Dort trinkt man auch Bier. Und dein Cousin Ludwig baut rosa Schwäne, denen er Feuerwerke vorspielt. Er ist überhaupt völlig durchgedreht. Habt Ihr gestern seine Karte bekommen? Er möchte dich sehen, Sisi.«

»Wann?« fragte ich erfreut. Es war eine gute Gelegenheit.

»Wir müssen nach Italien«, sagte Franz.

Italien paßte zu der Stimmung, der ich entkommen wollte. Unser Pflichtbesuch in Mailand wurde gekrönt durch einen Opernabend, zu dem der Adel sein Dienstpersonal geschickt hatte. Man merkte es sofort an der echten Freude, die die vermeintlichen Prinzen, Grafen und so weiter an der Aufführung hatten, und die sich, da sie sich mit der unseren deckte, auch auf Franz und mich übertrug. Als Kaiserin war ich, vor allem Franz wegen, beleidigt, als Mensch angenehmer berührt, als ich dachte. Mein anfängliches Sträuben vor einem öffentlichen Auftritt löste sich in dem natürlich-italienischen Geplärre zu einem inneren Schmunzeln, das ich langanhaltend Mühe hatte, vor Franz zu verbergen.

Als ich Ungarn sah, hatte meine Freude Platz zu leben, trug mich die Kutsche die Puszta entlang, hielt mich der Wind bestimmend fest in meiner Hoffnung. Ungarn ist schön. Ich liebe dieses Land, und weiß nicht, ob es bedeutet, daß hier Liebe wohnt oder mein Verlangen danach. Ich fühlte mich wohl; ich sah hinaus in die Weite und darin verlief sich irgendwo meine Bestätigung noch vor dem Horizont in einem Hasen. »Schön ist es hier«, sagte ich zu Franz, und er nahm daraus Zufriedenheit auf, ohne aus dem Fenster zu blicken, also erzählte ich ihm auch nichts von meinem Hasen.

Gyula. Ich hob den Blitz aus seinem Gesicht, der sich in meinem Herzen als Wunsch fortsetzte, der blieb. Gyula Andrássys Gesicht zeigte mir, er suchte dasselbe wie ich, wenn auch anderswo. Die Angst vor dieser Übereinstimmung, die ich nie zuvor gespürt, war zunächst unbewußt, dann erst bewußt, wie beinahe immer, so als hätte man sich verbrannt, und die Hand braucht eine Weile, um das Gefühl »heiß« zu verstehen und zu reagieren. In dem ersten Blick, den die Augen in unser Inneres zuließen, hatten wir uns ineinander besucht, ineinander gesehen, wir sahen dasselbe. Wir wußten es. Wir sahen Bereitschaft, die in dem Moment der Hoffnungslosigkeit umdreht, auf dem höchsten Gipfel des Erreichbaren ausrutscht, an der Erfüllung scheitert und ohne Ziel kapituliert. In Zukunft kannst du nur mehr noch verlieren. In dieser Stimmung, angefüllt von Traurigkeit ins Maßlose, wilder Hoffnung auf der Basis von Schmerz, wandte ich mich ab von mir selbst, ging wie in Trance über die Stiegen dem Tanzparkett zu und reichte ihm gefaßt die Hand. Wie der Kuß darüber erlosch wie ein Stern, begrüßten wir einander, als wäre nichts geschehen. Höfliche Worte über ein phänomenales Ungarn, sogar Franz fiel mir auf, als er neben mir stand. Andrássy tanzte mit mir, lehrte mich Csárdás, den ich vom Tanzvolk abschaute, ich hatte viel Spaß, er lobte mich, auch die Blicke der anderen. Plötzlich fiel ich hin. Andrássy sah mich beunruhigt an, und von allgemeiner Gemurmelbegleitung betäubt, löste mich Franz' bestürzter Ausdruck in Lachen auf. Andrássy lächelte – und da war es wieder. Magie von vorhin, von immer, für immer, verwandelte sich in sinnlose Hoffnung; und während Gyula, näher bei mir, seine Hand entgegenstreckte, die warm und weich ungeahnt festhielt, begab ich mich längst in den Zauber der Liebe, der sich auf ihn übertrug, in das Wunder, das der Liebe so normal erscheint, so immerwährend, nie anders gewesen.

Als ich morgens aufwachte, war es nicht der Moment, in dem ich die Augen geöffnet hatte, sondern mitten in der Intensität des Sehnens, das jetzt einen Namen hatte: Gyula. Ich wollte meine Brust an seiner Brust, und der Wunsch, in dieser Umarmung zu verschmelzen, war so stark, daß er all mein Denken konzentrierte, alles, was dazwischen kam, als lästig empfinden ließ: Es störte mich, zu atmen, essen, gehen, mich ankleiden zu müssen, und diese Augenblicke oder wie immer lange es dauern mag, empfinde ich keinen Schmerz, auch wenn er da ist, weil ich damit beschäftigt bin, in seiner Energie Gutes für Gyula zu sammeln. Ich versuche, wenn Franz bei mir ist, Schönes für Gyula herauszuholen, um für ihn eine perfekte große Liebe daraus zu machen, die ganz ist. Ich versuche, bei Franz zu genießen, um es für Gyula zu tun. Ich versuche mir vorzustellen, Franz will, daß Gyula mit mir beisammen ist, wenn er sagt, er will, daß ich glücklich bin. Gyula ist so mächtig in mir, daß er Franz' Unangenehmes in sein für mich Angenehmes macht, weil ich glaube, daß er es so möchte. Franz Bewegungen in mir, die mich nicht glücklich machen, werden zu Schönem, das Gyula mir wünscht, das ich für ihn aushalte wie eine Geburt. Franz' Grobheit wird einen Moment lang meine Lust, und ich hasse ihn dafür und liebe Gyula dafür. Die Normalität, mit der er seinen Körper beansprucht, ihn nicht mich gewinnen läßt, stößt mich ab. Ich will nicht, daß er seinen Körper ohne mich hat. Ich will, daß er mich ihn erlieben läßt, daß er auf mich reagiert, nur auf mich. Ich möchte Sinn haben, wenigstens hier, in diesem schönen Seidenbett, dessen Polster Zimmermädchen aufwendig bestickt haben. Irgendetwas soll von mir kommen! Einer davon ist von Tante Sophie. Sie sollte nicht auch noch in diesem Bett sein. Ich nahm das Polster und warf es so weit es meine Wut erlaubte. Franz hielt es für einen ungeahnten Temperamentsausbruch und erschrak sofort: »Sisi, was ist denn? Habe ich irgendetwas falsch gemacht?« Gott sei Dank war sein Akt für heute beendet, und Gyula verließ für diese Zeit das Zimmer, als meine Erleichterung anhielt, irgendwie den Tag hinter mich gebracht zu haben.

Franz schlief ein und ich schaute nach den Kindern.

Ich weiß nicht, wozu es Hoffnung gibt. Wenn ich glücklich bin, brauche ich sie nicht, bin ich unglücklich, habe ich keine. Die Kinder sind krank. Sophie und Gisela liegen in ihren kleinen Bettchen und ich kann ihnen nicht helfen. Ich habe heute meine Schuhe ganz dicht an die ihren gestellt und sie dann damit links und rechts eingerahmt. Der Arzt, den Tante Sophie aus Wien nachgeschickt hat, sagt, es ist nicht so schlimm, aber Sophie hat nachts dreimal erbrochen und ich bin halb wahnsinnig vor Angst. Ich wünschte, ich wäre an ihrer Stelle. Ich habe Sophie weg von Gisela in mein Zimmer gelegt und die ganze Nacht ihrem Atmen nachgelebt, das so schwer erschien. Der Arzt hat mir zwar solche Nähe verboten, aber er ist immer noch der Meinung, es handle sich um eine vorübergehende Infektion. Gisela geht es besser, aber vielleicht täuschen nur ihre fiebrig roten Wangen. Sophie ist so blaß. Sie ruft oft »Mama! Mama!« und bis ich zu ihr gekommen bin, schläft sie schon wieder unruhig. Es ist ein Erschöpfungsschlaf, der keine Erholung bringt.

Ich habe alle Empfänge abgesagt, zwei Nächte nicht geschlafen und bin dennoch hellwach. Jeden Moment erwarte ich, daß Sophie nach mir ruft, und wünsche mir doch, daß sie schläft. Sie hat noch keine Stunde durchgeschlafen. Oft seufzt sie auch nur im Halbschlaf und gibt liebe Laute von sich, wenn sie die Kraft dazu hat, und wenn sie meine Hand spürt; dann seufzt sie nur für sich selbst im Schlaf, während ich mich entferne, um nach Gisela zu sehen, so als wolle sie nur versteckt leiden.

Obwohl Gisela in den ersten beiden Nächten schwere Atemprobleme gehabt hatte, war es ihr nun möglich, durchzuschlafen. Dr. Seeburger, den ich das Kindermädchen zweimal nachts rufen ließ, versuchte mich zu beruhigen und fühlte seine Diagnose der Besserung bestätigt, was mich keineswegs beruhigte, sondern noch angespannter machte. Ich spüre, die Kinder haben jetzt nur mich, der Arzt sieht sie ja kaum an, und wenn, sind sie für ihn nicht mehr als zu beurteilende Körper. Ich glaube, es macht Sophie unruhig, wenn er sich über sie beugt, und ich stehe immer daneben. Ich bin die einzige, die zu ihnen Kontakt aufnehmen kann. Ich verstehe Sophies Brummen, jede Nuance hat eine andere Bedeutung, die nur ich kenne, die sie nur mich gelehrt hat. Ja, ich habe von meinen Kindern mehr gelernt als in Geschichtsstunden. Sie haben solch guten Charakter, wenn man ihre Natur nicht verfälscht. Gisela und Sophie sind so glücklich, wenn andere Wesen glücklich sind.

Als Dr. Seeburger ohne anzuklopfen mein Zimmer betrat, wußte ich, daß mein Kind tot war. Sophie war ein Engel geworden, der sie immer war, und dorthin zurückgekehrt, wo Engel wohnen. Ich sah sie an, die Welt war stehengeblieben, ich konnte mich nicht mehr bewegen. Wozu gibt es einen Gott, wenn er Kinder wieder nimmt? Fanny sagte, daß Sophie Gott in einem Zustand des Reinen übergeben wurde, wie es so mancher Mensch sich wünschte. Ich wußte nicht, was Franz sagte. Ich hatte mit ihm nicht gesprochen, er hatte zu mir gesprochen, versuchte immer wieder zu trösten, nannte mich einen Engel, was mir das Herz zerschnitt, Sophie war ein Engel, ich mußte leben, war an ihrer statt auf der Erde und wozu? Sie hätte mit allem besser umgehen können als ich. Sie war mein Kind und das Kind von Franz; und doch hat sie uns beschämt, in ihrem kleinen Leben mehr Sinn gehabt als wir zusammen. Sie hat nur glücklich gemacht.

Die Mittel von Dr. Seeburger dämpften nur meine Kraft, lähmten meine Energie, nicht aber meinen Willen, mit dem ich mich in voller Konzentration dem Schmerz hingab. Ich suchte in ihm zu verschwinden, kroch auf ihn zu, kämpfte gegen dieses Medikament an, weil ich wußte, es gibt keine andere Heimat als mein Kind, und die Verbindung zu ihm war nur noch der Schmerz. Die Trauer war da, wartete in der Tiefe wie ein Ungetüm auf ihre Zeit, und sobald die Wirkung des Mittels nachließ, stürzte es sich um so stärker auf mich, riß mich an sich, obwohl ich bereit gewesen war, es aufzunehmen, als wollte es meine dämmrig verbrachten Stunden aufholen, die ihm gehörten. Monatelang hielt dieser Zustand an, ich bekam Mittel, wußte nicht, wie und daß ich sie einnahm, bis Mama sie mir eines Tages mit Gisela im Arm brachte. Jetzt erst breitete sich der Schmerz voll aus. Einmal kamen auch meine Schwestern und mein jüngster Bruder aus Possenhofen, ich nahm sie kaum wahr, nur Mama an meinem Bett streichelte mein Haar bis an die Spitzen, immer wieder, bis ich Kind war, aufnahmefähig für ihr Muttersein, das mich zu sich holte.

»Liebling, du darfst nicht mehr weinen, sonst muß das Kleine im Himmel mitweinen und ich auch. Und ich will das nicht. Dein Kind will nicht, daß du weinst.

Es ist nicht in seinem Sinn. Sophie hat immer gelacht, wenn du gelacht hast, und ihr habt eure Schwingungen jedesmal aufeinander übertragen, ihr habt eure Gefühle ausgetauscht. Sisi, bitte denke weiter an dein Kind, so wie es dich jetzt braucht, denn in der Vergangenheit hast du keinen Fehler gemacht. Sophie wartet auf dich, sie schaut dir zu, und sie kann sich nicht helfen, wenn du dir nicht helfen kannst. Versuch es! Versuch es um deines Kindes willen, Kleines, ich weiß, es geht. Du hast immer geschafft, andere glücklich zu machen. Du warst Vaters und mein und unser Lächeln, Kind, von dem die Familie gelebt hat. Laß jetzt auch dein Kind davon leben, ihr habt es beide verdient, aber geben kannst es auf dieser Erde nur du – für beide. Mach euch beide wieder glücklich! Sophie hat Sinn, indem du ihn ihr erfüllst, sie kann nur noch glücklich sein, wenn du glücklich bist! Hilf Sophie, Sisi!«

Franz lebte seine Pflicht – bewunderte ich ihn dafür? Es ging über meine Kraft, es zu wissen und so zu leben wie Franz.

Ich hörte Tante Sophie zu ihm sagen: »Du mußt mehr auf dich schauen, Franz, und du brauchst deine Frau.«

»Sisi besteht nur aus Leid, Mama. Sie können sich nicht vorstellen, wie sie all das mitgenommen hat.«

»Sie ist Kaiserin, Franz, und es war auch deine Tochter. Mich hat das ganze genauso getroffen, mein Sohn.

Nur weil ich mich zusammennehme, heißt das nicht, daß ich weniger leide. Du mußt an dich denken, und ich muß es tun, wenn es deine Frau schon nicht weiß.«

»Mama! Sisi ist die beste Mutter der Welt und die treusorgendste Ehefrau, an die man zu denken vermag.«

»Ist sie das?« Tante Sophie verließ das Zimmer, als ich es betrat, wir schnitten an der Schwelle Franz Satz »Außer Ihnen natürlich, Mama!« entzwei, und jede von uns nahm die Hälfte seiner Bedeutung jeweils passend mit. Im Vorbeigehen sagte Tante Sophie, ohne sich uns zuzuwenden: »Grüß dich, Sisi. Ich sehe nach dem Kind, bleib' du nur bei Franz!«

Ich hatte Franz mehr gebraucht als je zuvor, aber er war nicht bei mir, nur noch nachts versuchte er sein Glück in meinem darüber zu finden, doch ich machte ihm nicht die Freude. Franz arbeitete sein Fühlen ohnmächtig, und ich hatte mich an ihm zu Tode geliebt. Er hatte immer weniger Zeit für mich, ich mußte all meine Liebe verschlucken, hatte ihm jeden Tag mehr zu erklären, warum ich an meinem Geben, das sich in mir ansammelte, erstickte, und mir blieben fünf Minuten, bevor wir zu Bett gingen.

»Natürlich bist du mir innerlich das Wichtigste, Sisi, aber als Kaiser muß die Arbeit vorgehen. Ich mache es ja auch für uns. In Wirklichkeit bin ich dein Kaiser, Sisi. Du kannst mit mir machen, was du willst. Ich stehe ganz zu deiner Verfügung.« Er legte sich erwartungsvoll vor mich und ich hatte in dem Moment Abscheu vor Schwäche, die er nicht einmal selbst tragen konnte. Ich durfte ihm meine Liebe also nur beweisen, als er sich dazu bereit erklärte, der Staat ihn mir zu Füßen legte, er war die staatliche Opfergabe an mich für eine Stunde bis zur Müdigkeit. So lange hielt ihn mein Körper auf. Es war immer so.

Meine Willenslosigkeit benutzte Franz als seine Vorstellung von Hingabe, und ich betrachtete es als reine Arbeit, ordnete meine seelische Pein meinem gleichzeitigen Wunsch unter, der Aufgabe als Kaiserin zu entsprechen. Nicht, weil es mein Wille war, sondern mein Stolz, auch Tante Sophie gegenüber, und weil ich mich nicht genug geliebt fühlte, überhaupt nicht geliebt, außer von meinem kleinen Kind, von Shadow, dem irischen Wolfshund, der seine Größe immer durch Kopfsenken zu verstecken versuchte, so hilflos, daß es wehtat, und von den anderen Tieren, und Fanny hatte mich vielleicht ein bißchen gern.

»Komm noch ein wenig zu mir«, sagte Franz manchmal, aber ich hatte die Hoffnung aufgegeben, dann wenigstens meine Freude ausleben zu können. Intimität entsteht bei mir nur durch Zärtlichkeit, denn ich wollte sie nicht zulassen, um enttäuscht zu werden, von den fünf Minuten, die er ihr zuordnete, bevor er in den Staatsdienst rückte und diesem seinen Schlaf verschrieb. Ich lag noch lange wach, anfangs weil ich Pläne für Geborgenheit auf später verschob, wie Mutter Heidelbeermarmeladengläser für den Winter bewahrte, wie man das Beste an den Schluß setzt, und nun wegen unserer kleinen Sophie. Ich wollte Franz nicht belasten, also war ich still. Sein Atmen erinnerte mich an Schafezählen, je länger ich es tat, um so weniger konnte ich schlafen. Ich stand auf, die Nacht schenkte sich mir in einem Bild, das ich nie vergessen möchte. Ich versuche mir immer alles Schöne einzuprägen, es mitzunehmen durch das Leben. Einmal, mit sechzehn Jahren, hatte ich mir gefallen, die Haare fremd-schön hergerichtet, vertrat das Aussehen mich, und war dankbar, daß der Spiegel es mir so lang zeigte, ich versuchte das Bild zu behalten, das ich, die Erinnerung im Gefühl, an jemandem ausprobierte, der eintrat. Er sprach das aus, was ich fühlte. »Sie sind eine Schönheit, Sisi.« Es war Dr. Fischer, unser Familienarzt, aber er war Freund, viel mehr als Menschen mit irgendeinem Beruf erreichen können. Ich wollte Dr. Fischer einmal eine Auszeichnung verleihen lassen, nicht weil er oder ich an solche Dinge glaubten, sondern weil ich wollte, daß er sich auch für andere sichtbar von den übrigen Ärzten seiner Umgebung abhob, deren Augen an Äußerlichkeiten hängenblieben. »Was zählt, sind Tatsachen«, sagt Franz immer, »und Tatsache ist, daß ich dich liebe, daß du schön bist, gescheit bist, liebenswert und meine geliebte Frau.«

Als ich Franz bat, Dr. Fischer unabhängig von mir einen kleinen Wunsch freizuhalten, und dem meinen nach einer Anerkennung entgegenzukommen, meinte er bald darauf: »Dieser Dr. Fischer ist ein eigenartiger Mensch.«

»Weswegen?« fragte ich und fühlte mich angegriffen.

»Er hat gesagt, er bittet um Vergebung und Verständnis, aber er könne keine größere Auszeichnung bekommen, als seine tiefverehrte Kaiserin in seinem Leben gehabt zu haben, und mit einer geringeren gäbe er sich nicht zufrieden.«

Ich schickte Dr. Fischer eine kleine weiße Katze. Auf

der Karte, die ich ihm dazu bringen ließ, schrieb ich: »Sie haben mich noch immer in Ihrem Leben. Mit vielem Dank, Elisabeth.«

Dr. Fischer schrieb, daß die Leute in Possenhofen alle verwundert geschaut hätten, als sie die kaiserliche Kutsche sahen, und er ihnen später auf ihre neugierige Frage, wer ihn denn besucht habe, geantwortet hätte: »Meine Katze.« Der Hofmarschall, der ihm das Tier überbracht hatte, meldete allerdings Generaladjutant Grünne, der es nachher Tante Sophies Hofdamen erzählte, von denen es Fanny aufschnappte, die es wieder mir weitergab, als ich unter ihren Händen ihre ganze Zärtlichkeit zu meinem Haar genoß: »Dieser Dr. Fischer, dem ich die Katze übergeben habe, hat mich sehr gastfreundlich begrüßt: ›Um Gottes Willen, nach einer solchen Fahrt muß man ja furchtbar hungrig sein!‹

›Ja!‹ seufzte ich. Da kam der Mann doch tatsächlich mit einer Schüssel Milch an, steckte den Finger hinein und fragte mich, ob man sie wärmen sollte. Und wissen Sie, wie er die Katze nannte? Sisi! Diese Respektlosigkeit!« Ich mußte lachen. Besser hätte Dr. Fischer mich seine Zuneigung gar nicht fühlen lassen können, manche Menschen machen einem eben auch in der Ferne Freude.

Tante Sophie mit Gisela im Arm fand Fanny und mich in Lachen und in mein Haar verstrickt, das sich offen ausgebreitet während meiner unerlaubten Bewegung verfangen hatte. Ich dachte an mein Erlebnis mit dem alten Holzwaschtrog in Possenhofen. »Aber nichts davon abschneiden!« sagte ich streng, das erste Mal froh, nicht das Kind von damals zu sein. Tante Sophie sorgte dafür, daß es auch das letzte Mal war. »Ich muß dich sprechen, Sisi. Komm nachher in meinen kleinen Salon, sobald du hier fertig bist.«

Fanny hörte auf zu lachen, genauso unerklärlich wie Gefühle aufhören und da sind ohne einzutreten. Auch ich wurde ernst. Als Tante Sophie Platz nehmen wollte, sprang Shadow auf den Stuhl und knurrte leise. Ich legte ihm schnell meine Hand leicht auf den Kopf. Tante Sophie war entsetzt. Ich sah nur mein Kind an. Gisela strahlte und griff nach Shadow, der ihre Hand vertraut stupste. »Gib sie mir bitte, Tante Sophie!« bat ich, doch sie drehte sich um und ging mit meinem Kind.

Ich ließ mein Haar offen, und zwei Minuten später war ich bei Tante Sophie und holte mein Kind in meine Umarmung. »Bring Gisela ins Bett, ich muß mit dir reden«, sagte sie wie eine Gouvernante.

»Das kann nicht so wichtig sein wie mein Kind.«

»Nimm' lieber Rücksicht auf das Kind!«

Ich trug Gisela nur bis zur Türe, denn Tante Sophie hatte schon das Kindermädchen bestellt, das sie entgegennahm. Es kam mir vor wie eine Übergabe auf Befehl. »Beim Militär muß es so sein«, dachte ich und konnte mir plötzlich Franz' Erziehung vorstellen, mit dem ich das erste Mal Mitleid hatte. Doch er beschwerte sich nie, wofür ich ihm das Bedauern wieder abzog. »Also, was gibt's«, fragte ich.

Sie sah mich an, und mein Herz schnitt sich. Ich senkte meinen Blick, um für mein Kind ganz zu bleiben.

»Setz' dich!«

Ich setzte mich – möglichst weit von ihr an die Kante des Sofas. Ihre zuckerweiche Stimme wollte mich näherholen und betäubte meine Reaktion. »Sisi, mein Schatz, dein Kind hat auch einen Vater, und du hast auch einen Mann ...«

»Das weiß ich, sonst wäre ich nicht hier.«

Sie überhörte es tatsächlich und fuhr unbeirrbar fort: »...was sich beides in der Person meines Sohnes Franz vereint. Da das auch etwas mit mir zu tun hat, wirst du verstehen, daß ich mich um euch alle sorge. Sisi, schau, Kindchen, du mußt dich um deinen Mann kümmern!«

»Das will ich ja, das ist genau das, wonach ich mich sehne wie nach nichts anderem auf der Welt! Aber er hat doch nie Zeit, dieser Staat frißt ihn mir vor der Nase weg!«

»Sisi, ich bitte dich, benimm dich, du bist eine Kaiserin! Denke an dein Kind, an deine Kinder, denn so Gott will, wirst du noch welche haben. Denke an Franz, er hat eine Aufgabe und er hat alle Belastung auf seinen Schultern!«

»Aber ich denke ja an Franz! Ich liebe Franz und nicht den Kaiser! Ich habe Franz geheiratet und nicht ...«

»Sisi, das ist untrennbar. Franz war, ist und bleibt Kaiser, und wenn die Gerechtigkeit auf unserer Seite ist, schon sehr bald eines mit Deutschland geeinten Reiches. Er braucht eine Frau, die dieser Aufgabe gewachsen ist, die ihm bei der Erfüllung seines Traumes hilft! Du bist das nicht, Sisi, wenn du dich vergräbst. Nimm dich doch zusammen, um deines Kindes willen, um Franz' willen und auch um deinetwillen, sieh dich doch an, du läßt dich völlig treiben, bist blaß ...«

»Mein Kind ist gestorben.«

»Aber dein anderes Kind lebt! Es braucht eine fröhliche Mutter, eine Mutter, die stark ist. Du kannst doch wieder lachen, ich habe es vorhin gemerkt!«

Ich hatte tatsächlich das erste Mal seit Sophies Tod wieder gelacht, aber es war mir gar nicht aufgefallen. Ich habe nur dabei die Anspannung gemerkt, die noch in meinem Körper gewesen sein mußte – trotz oder eben wegen Dr. Seeburgers Medizin.

Als ich abends Gisela ansah, beschloß ich, sie nicht mehr zu nehmen. Dr. Seeburger protestierte, aber ich gab nicht einmal vor, mich zu fügen. Seitdem er einmal meine Gelenke zusammengeschnürt hatte, als meine Finger angeschwollen waren, und mir mein Hausverstand sagte, daß das absurd sei, riß ich mir den Verband herunter und entzog ihm damit demonstrativ das Vertrauen, das ich ohnehin nie zu ihm hatte. Nun aber tauschte ich es gegen Mißtrauen.

Ich weigerte mich zu glauben, daß Franz kalt war, aber ich suchte seine Gefühle in ihm.

»Das Leben ist Arbeit, Sisi«, sagte Franz.

»Ja, aber das Leben ist auch du und ich, Franz, ist auch Liebe …«

»Ich liebe dich ja, Sisi …«

Mir war zum Um-den-Hals-Fallen und ich lief um den Schreibtisch herum auf ihn zu. »… und es muß dir genügen, es zu wissen …« Ich blieb stehen. »… Ich freue mich auch, daß du gekommen bist …« Meine Freude lief weiter. »… aber ich muß jetzt arbeiten.« Meine Freude wandte sich ab und ging, doch ich blieb stehen. Es klopfte. Gyula Andrássys Begnadigungsgesuch wurde vorgelegt, man hatte ihn bereits in Abwesenheit zu Tode verurteilt – kaum zu glauben, wie kaltblütig in diesem Land über Menschenleben entschieden wird – und er sollte sich nun auch offiziell wieder in Ungarn aufhalten dürfen, die Gefahr des Aufstandes war gebannt, die Staatsräson beruhigt. Das Rechthaben ließ Franz immer so verdammt unglücklich ausschauen – ich zog mich zurück, doch meine Freude zog mich vor, direkt zu ihm, direkt an die seine, und ein Kuß teilte seinen Satz, strafte seine Worte Lügen. Ich hatte gewonnen. Ich wußte es. Franz wußte es, ich sah ihn darüber glücklich, er liebte mich.

Unsere Beziehung basierte nur mehr noch auf Vertrauen, die Ansprüche meiner Liebe machten an den Grenzen der seinen jede Unterordnung zu ihrem Ziel. Unwichtig wie, Hauptsache, daß du mich liebst, und ich glaube dir. Mein Glaube soll mein Geschenk an deine Liebe sein, das einzige, das du mir erlaubst, und ich werde mich daran halten, weil ich auch etwas zum Anhalten brauche.

»Der Staat erfordert seinen Tribut. Pflicht geht meistens vor Gefühlen.«

»Der Staat rechtfertigt nicht, ein einziges Herz zu brechen, denn Liebe kann einen Staat am Leben erhalten und Haß einen ganzen Staat vernichten.«

Ich konnte Franz nicht erreichen, und Franz konnte mich nicht erreichen. Er merkte nicht, daß ich litt. Ich begann zu sterben. Jeder Arzt hat die Pflicht, einem Patienten zu glauben, wenn er sagt, er hat Schmerzen, auch wenn er selbst sie nicht spürt. Jeder Mensch hat das Recht auf Zärtlichkeit und Nähe, sogar ein Kuckuck erschleicht sie sich! Franz und ich jedoch hatten uns einer Gefühllosigkeit unterzuordnen, die man ihm als Eigenschaft anerzogen, ihn dafür gelobt hatte. Er mußte stark gemacht werden für Frauen wie Tante Sophie, die die Menschen verbargen, damit es weiterhin etwas Besonderes sei, was auf höchster Ebene passierte und den Männern der Mund offenblieb, eine Kaiserin den Rock anheben zu sehen, die in die Kutsche stieg.

»Gefühle können keine Probleme lösen.«

»Sehr wohl können Gefühle Probleme lösen. Sieh mal, Andrássy – er ist nur ein Mensch, aber wenn du seine Begnadigung erteilst, beeinflußt du durch ihn ganz Ungarn. Hättest du ihn erschießen lassen, wäre er tot. Eine Geste der Menschlichkeit kämpft für dich, braucht keine Waffen, legt einfach nur ihre gute Hand über das Land.«

Vielleicht wird unser Kind die Welt verändern. Ich bekomme wieder ein Kind, doch ich wollte warten, es zu verkünden, denn es kam mir vor, als bezahlte ich das Leben dieses Kindes mit dem Tod des anderen, und ich flüsterte es erst abends Franz ins Ohr. Franz stürzte noch im Abendrock zur Tür, dort besann er sich, als die Wache besorgt »Eure Majestät!« rief, und ging in vollem Festgewand zu seiner Mutter. Tante Sophie kam ihrerseits zu mir, setzte sich an die Bettkante, hielt meine Hand, gratulierte mir, sagte herzlich: »Hoffentlich wird es diesmal ein Junge!« und ließ mich beschämt und Franz erfreut zurück.

Ich verabscheute die gezierten Gesten des Hofstaates. Als ein junger Gärtner eingestellt wurde, der mich nicht erkannte, war es erfrischend, ihm nicht zu widersprechen, während er mich in seiner Vermutung bis zur Hofdame aufsteigen ließ und er dennoch munter mit mir weiterplauderte, als gäbe es auf der Welt keine Unterschiede außer Mann und Frau. Er war für mich ein lustiger Kerl, der mich zum Lachen brachte, dem ich allerdings mehr Achtung entgegenbrachte als der Hofstaat mir, wäre ich nicht die Kaiserin. Das Puppentheater rund um mich, dessen Fäden Tante Sophie in Händen hielt, fand ich beschämend für die Puppen; es war schaurig, in gelenkte Augen der Dienstboten zu sehen, die ohnehin fast nur zu Boden blickten. Da ich niemals einen einzigen ihrer Gedanken über mich in Erfahrung brächte, beließ ich es dabei, sie genauso indifferent zu behandeln, was mir wesentlich mehr Mühe zu bereiten schien; und sie rückten für mich immer weiter in die Gespensterwelt.

Eigenartigerweise mußte man mich erlieben, seit ich merkte, daß Liebe ein sehr seltenes Gewürz an diesem Hof ist, jede Katze schaffte es, obwohl ich mich in der Naivität der Liebe von Anfang an zunächst einmal mit den Hunden verwandt gefühlt hatte. Ich saß schon in Possenhofen zwischen riesigen Jagdhunden, die sich zu einem unübersehbaren Haufen zusammengerollt hatten, und schlief dort sehr zur Besorgnis meiner Eltern, die mich mehr als einmal vergeblich gesucht hatten, und zum extremen Schrecken der Jäger, die selbst von ihren Tieren angeknurrt wurden, so daß mich keiner hervorzuholen wagte, und ich und die Hunde beruhigt weiterschliefen. Als wir dann aufstanden, waren alle so erleichtert, daß keiner mit irgendeinem anderen Wesen schimpfte, schon weil man das Knurren niemals zuordnen konnte und keiner der Besitzer annahm, von seinem Hund eine solche Achtlosigkeit zu befürchten zu haben. Auf mich war Vater insgeheim ziemlich stolz. Ich bekam immer ein paar Zärtlichkeiten mehr als sonst, und die Jägerschaft hatte grandiosen Respekt vor mir, der blieb, obwohl ich ihnen in späteren Jahren das Wild verjagte und so ein paar lebende Hirsche auf dem Gewissen hatte. Einmal rettete Vater ein Kitz vor der Sense, das im hohen Gras verloren geblieben war, und mir fiel gar nicht auf, daß er selbst mindestens vierzehn Tage das Weite suchte, als er es uns gebracht hatte.

Ich ging in dieses düstere Schloß der Gegenwart zurück, durchquerte die Kälte der Hofdamen, die starr lächelten und dabei argwöhnisch die zum zweiten Mal getragenen Schuhe betrachteten, in denen ich wagte, an ihnen vorbeizukommen, gegen die Anordnungen Tante Sophies und die Hofsitte, nach denen sie längst ihnen nach einmaligen Benutzen geschenkt werden sollten. Ich konnte in diesen Schuhen herrlich reiten, sie machten einen schlanken Fuß und taten mir nicht weh, aber der Hauptgrund, warum ich diese Unsitte sofort abschaffte, war die Begegnung mit zwei Paar anderen Schuhen, von denen eines das andere jagte und in denen jeweils ein junges Mädchen die Modernität und eine der bequemen Vernunft verbundene alte Dame die Bodenständigkeit vertrat, was mich belustigt über mich selbst zurückließ, denn ich fühlte mich eher mit dem jungen Mädchen verbunden, entschied mich dann jedoch für den Kompromiß der beständigen schwarzen Schuhe und schuf somit meine eigene Mode.

Tante Sophie machte mir Vorwürfe, und ich mußte jede Menge Niederlagen einstecken, ich hielt das Kind nicht richtig, ich hielt mich selbst nicht richtig, denn ich ging zu aufreizend; wenn ich fröhlich war, strahlte ich die Leute zu sehr an, sie sollten nicht merken, wie leicht ich zu öffnen war. Ich lief zu schnell für eine Dame, die noch dazu eine Kaiserin war und würdevoll einherzuschreiten hatte, möglichst in kleinen langsamen Schritten und nicht in Pferdelängen, und überhaupt sollte ich nicht so modern denken. Ich war schon so verzweifelt, und meine Gesichtsfarbe auf dem Weg von blaß zu durchsichtig, daß Tante Sophie nur noch Zeit hatte, zu sagen, »Leg dich hin, Sisi!«, bevor Dr. Seeburger zu mir kam, und mich untersuchte, als vermutete er in mir den Leibhaftigen. An mehr erinnere ich mich nicht – Tante Sophie hatte alles angeordnet.

Abends, spät, im Dunkeln, im Kerzenschein als Franz erkennbar, war derjenige zurückgekehrt, den Tante Sophie nach ihrem Eintreten sofort in den Kaiser umwandelte, und dem ich, nachdem er seine Orden und Kleider abgelegt hatte, an denen er sich erkannte, alle Schuld an diesem Unglück gab, in dem ich festsaß. Was Tante Sophie betraf, so wollte ich sie im Grunde gar nicht mögen, sie verhielt sich also so, wie ich es wollte. Franz machte nicht Tante Sophie für unser getrenntes Leben verantwortlich, sondern sein Dasein als Kaiser. Ich hingegen fand dieses peinlich künstliche Getue um mich, damit die Leute nur ja nicht merken sollten, daß ich ein Mensch bin, so lächerlich, daß ich Lust hatte, einem Affen zu begegnen und vor ihm einen Hofknicks zu machen. Ich schlich noch einmal hinaus zu den Ställen, nahm dem erschrockenen Stallburschen die Zügel des nächstbesten Pferdes aus der Hand, und drehte ein paar Runden, bevor ich wesentlich gesünder wieder ins Bett fiel.

Tante Sophie erschien noch einmal an diesem Abend unter dem Vorwand, nach mir zu sehen. Natürlich hatte die Kommunikation bei Hofe wieder bestens funktioniert, und eine der Hofdamen hatte mich ohne Damensattel aufschwingen gesehen. Ich versuchte das Beste daraus zu machen: »Es ist herrlich, ohne Damensattel zu reiten!« »Für einen anständigen Menschen ist so etwas unmöglich!«

Franz betrat das Zimmer, hörte den letzten Satz Tante Sophies, verstand aber meine Überreaktion des Beharrens in Schweigen nicht, als er mich nach meinem Befinden fragte, und ich fühlte mich zwischen beiden eingeklemmt. Ich getraute mich Franz nicht zu antworten, weil ich nicht wußte, bei meinem eigenen Mann nicht wußte, ob er zu mir halten, oder vor seiner Mutter zum Kleinkind würde, und diese Schande auszuhalten war ich vor Tante Sophie wegen ihm nicht imstande. Ich wollte nicht, daß er sich als der Schwächling bewies, als den ich ihn eben erkannt hatte.

Tante Sophie tat alles um zu vermeiden, daß die Leute mich liebten; man sollte mich fürchten wie sie, weil ich sonst in die Gefährlichkeit des Geliebtwerdens und damit aus ihrem Bannkreis geriete. Dann wäre ich es gewesen, die sie zu fürchten hätten, und Franz war es, der all dies zuließ.

Ich schwieg, ließ Tante Sophie grußlos, und sie versuchte noch einmal, das Ruder für sie herumzureißen, da sie Franz schon wieder in meine Aufmerksamkeit entschwinden sah, und sagte mit der vollen Beleidigung des bewußten Unrechts: »Dann wäre es wohl das Beste, ich wäre schon tot«, woraufhin Franz fast einen Kniefall machte. Ich widersprach nicht.

Als Kind hat man noch ein schlechtes Gewissen bei verschiedenen Dingen, als Erwachsener versucht man, sie zu erklären. Franz traute sich nicht gegen seine Mutter aufzubegehren, und, über sich selbst verärgert, spielte er das Unheil herunter, das sie über uns brachte. Ich wußte nicht, was schlimmer war, entschied mich für Franz, und wir opferten ihr unsere Nacht aus verschiedenen Gründen.

Franz lag neben mir und schlief noch leicht durch den Morgen. Ich fühlte.

Die Freude nahm das Herzklopfen ein, drehte ihre Runde in meinem Körper, ich hatte ihr mein Bewußtsein hilflos ausgesetzt, und sah entsetzt zu Franz, er möge mich nicht entdecken, um ihm etwas zu erklären, das sich gerade mir erklärt hatte. Es war das intensivste Gefühl der Welt, und ich konnte es mir selbst beschaffen durch eine Portion Träume, eine Stimme dazu, der man die Verantwortung überträgt für all die Macht, und die daran ihre Freude haben muß – mir diese zu übermitteln, bringt mir gespiegelte Lust – all das, das er mir schenken möchte, bittet er von mir erfüllt. Ich soll sein Stellvertreter sein, und ich bleibe doch ganz Frau, damit er mehr Mann sein kann, das Beste im weiblich Möglichen ihm zugeschrieben wird, durch meine Hände, die er lenkt, durch meine Liebe, der seinen solche Macht zuzugestehen. Verwirrt durch das Unmögliche, breitet sich Dankbarkeit in ihm aus, unterbrochen durch den Blitz des Himmels, der die Zeit aussticht aus der Möglichkeit, die sich kurz auf die Erde gesenkt hat. Gott holt sein Paradies wieder ein, schickt die Unmöglichkeit in kleinen Wundern; die Anstrengung, die wir hier dafür brauchen, fällt im Himmel weg. Durch sie hier ohnmächtig gehalten, bemerken wir ohnehin nur einen Moment – und auch erst dann, wenn er vorbei ist. Man kann die Anstrengung hier nicht von der Lust trennen, um uns die Erde schmackhaft zu machen, dem Leben zu unterliegen, dem Menschsein zu gehorchen in Mann und Frau.

Gott hatte während des Empfindens die Schlüsselposition, und Gyula ersetzte sie mir in diesem Spiel der höchsten Konzentration, die allen Ernst aufnahm, und nur durch unpassende Situationen zum Lachen war, aber dadurch nicht rettete und die Sehnsucht nicht auslöschte. Gyula brachte mich nicht zum Lachen, Gyula brachte mich zum Schreien, zum Weinen, innerlich. Ich wollte nicht zurückkehren, ich mußte, um nicht zu sterben, mein Körper zwang mich dazu und das Ende von Gyulas Vorstellungsvermögen.

Er brachte mich in die Höhe, dann in die Tiefe, bis mein erschöpfter Körper beides vermengte, Himmel und Hölle im Weinen entdeckte und sich und mich in seinen Armen auflöste.

Geheimnisse erklären sich nur in der Intensität, nicht in sich selbst, das ist das Geschenk der Schöpfung. Das Geheimnis erregt mehr als jedes Verstehen, denn man kann das seine jeweils finden und sucht nur durch verschiedene Partner, manche durch verschiedene Arten, zum Ganzen zu gelangen. Als Gyulas Körper mich berührte und ich seine Seele in mich eindringen spürte, entschlüpften kleine Elfen der Lust, die sich über die Welt verbreiteten und in jedem Laut des Glücks vermehrten. Es erreichte und vereinte viele in denselben Momenten, zur selben Zeit fühlte ich mich geborgen, eine Sprache gefunden zu haben, die jeder verstand, doch nicht hörte, die jeden verband, ohne einander zu sehen, die die Herzen öffnete, ohne davon zu wissen, die im Spüren die Welt beherrschte: die Welt der Gefühle, der die Menschen unterliegen.

Bin ich nicht aus demselben Schoß geboren wie alle, haben Adam und Eva mich nicht aus dem Paradies vertrieben? Doch, haben sie, nur weiter. Ich lebe wie ein Kind, die Bedürfnisse eines Erwachsenen als Strafe angerechnet. Man wirft mir vor, keine Ahnung vom Leben zu haben und gibt mir keine, es zu wissen. Wenn ich Mensch sein will, habe ich Vorbild zu sein, in der Gefühllosigkeit zu verharren wie ein Denkmal, das innen zerbirst, jeder Kartoffelbauer würde mir sagen, daß ich nichts wert bin, daß man mir sieben Seifen nachträgt, nach deren Duftform ich mich entscheiden soll – mir die Tränen abzuwaschen. Warum beneiden sie mich, wenn ich schon sterben will? Ich habe nicht nur den Vorzug des mir unterstellten Luxus, mich versucht das Leben an einem goldenen

Strick aufzuhängen, um den sie mich auch noch beneiden werden; ich habe darüber hinaus die Schuld zu tragen, die sie mir aufgeladen haben, und selbst diese Feststellung werden die Leute mir noch als Klage anrechnen.

Es gab nur zwei Arten, mit Tante Sophie auszukommen: schlecht, wenn sie schlecht aufgelegt war, und noch schlechter, wenn sie gut aufgelegt war, denn dann war alles auch in meinen Augen meine Schuld, und ich litt darunter, daß es mir egal sein mußte; meine Gefühle für sie waren erschöpft. Ich wollte nur mehr noch in Ruhe gelassen werden, und wenn sie in meine um mich geschaffene Sphäre eindrang, mit der ich mir die Welt gutmalte, empfand ich es jedesmal als Verletzung meiner Intimität. Es war mein Leben, verdammt noch mal, und ich hatte nicht Tante Sophie geheiratet. Ich haßte sie nicht, sie war mir gleichgültig, oder ich wollte sie nicht hassen, aber sie ließ sich selbst keine andere Wahl. Ich war Tante Sophies ewige Feindin, weil ich ihr einmal Franz weggenommen hatte, was nie wieder gutzumachen ist außer durch meine ständige Gegenwart, in der sie mir das Gegenteil bewies, und ich war nicht so wie Franz, ich wagte, ihr dafür nicht dankbar zu sein, daß es sie gab. Franz anerkannte das Muttersein, ich nur dessen Ablauf. Ich liebe nur, was ich lieben will, ich bin absolut frei in meinem Können, meine Gefühle sind nicht anerzogen, mein Lächeln ist keine Grimasse. Ich bin nicht käuflich, vielleicht weniger als jeder Kartoffelbauer, der mit dem Verkauf seines Feldes sein Überleben retten will, ich bin eher der Kapitän, der mit seinem Schiff untergeht. Jeder Pferdeschritt weg von diesem Schloß berührt mich mehr als die ganze Tante Sophie mit ihrem Versuch, irgendwann einmal tausend Nettigkeiten auf dieser Erde zurückzulassen. Bei mir fing sie nicht damit an.

Während der Geburt hätte ich verzichten können zu sein. Ich dachte im Schmerz an mein totes Kind, in der Freude an das Baby, fragte, ob es auch so leiden müsse – und schrie. Ich hatte nie geschrien, der Schmerz riß meine Stimme mit, alles, was in mir war, war in diesem Kind. Als der Arzt »Ein Junge!« rief, konnte ich für einen Augenblick nicht reagieren, waren Tod und Geburt ausgelöscht im Niemandsland der Erschöpfung und in der Antwort des neuen Lebens. Das Baby antwortete an meiner Stelle, und ich schwöre es, es lächelte, konnte der Doktor auch behaupten, Neugeborene lächeln nicht – mein Baby lächelte mich an. Ich küßte Franz, gab es weiter, damit auch er etwas von diesem Lächeln spüren sollte, doch er rief: »Ein Junge! Mein Engel, ein Junge!« »Ein Thronfolger!« ergänzte ich in Gedanken, und sagte nur: »Ein Kind!« Franz erkannte nicht, was ich fühlte, auch niemand sonst, und er küßte mich, bis mein ganzes Gesicht ihm gehörte. Das Baby wurde eingewickelt, dann sah ich es nicht mehr. Mit dem Spüren, daß es herumgereicht und von stolzen Blicken aufgefangen wurde, schlief ich ein.

Als ich aufwachte und fragte, ob ich hundert Stunden geschlafen hätte, sahen mich alle an, als hätten sie das Baby geboren. Der gesamte Hof trat mir entgegen, als wäre das Baby sein Werk, und auch Franz hätte Rudolfs Geburt am liebsten zum Staatsfeiertag erklärt. Tante Sophie meinte im Vorbeigehen zu meiner Kleinen: »Du sollst nicht so viele Crèmetörtchen essen, mein Schatz, hat Mama gesagt«, und überhaupt schienen alle überdrehter als sonst.

Shadow kam einmal ruhig wedelnd an mein Bett, ich liebte Shadow, ich liebte Gisela, ich liebte die ganze Welt, als man das Baby in meine Arme legte, das sich frischgewaschen brüllend über diese erste Behandlung außerhalb meines Körpers beschwerte. »Baby«, sagte ich zu ihm, »du wirst noch viel erleben, aber wir waren eine Einheit und wir werden weiter eine Einheit sein. Und im übrigen herzlich Willkommen!« Ich küßte es auf die Stirn und es schlief auf meinem Kuß in die Liebe, in die ich es schickte.

Ich erholte mich nicht. Die Freude schien meine gesamte Energie aufzuzehren. Es stärkte zwar meine Seele, aber eigenartigerweise nicht meinen Körper. Dr. Seeburger sprach von einer postnatalen Verstimmung, doch ich war glücklich. Ich hielt nichts von seinen Diagnosen, aber ich hatte ihm auch nicht den Tod Sophies angelastet, und er hatte immerhin überwacht, wie ich meinen Sohn Rudolf ins Leben brachte. Dennoch wehrte ich mich gegen sein Konstatieren einer Depression, als nach Tagen keine Besserung eintrat. Ich stillte das Kind nicht, und dadurch bedingte Entzündungen machten mir Probleme. Ich litt wegen Tante Sophie, die den Arzt beauftragt hatte, auf einer Amme zu bestehen. Die Amme erschien täglich, gesund und stramm, das Baby abzuholen, während ich immer dünner und kränker wurde, was die Anordnung Dr. Seeburgers und Tante Sophies bestätigte. Ich erzählte es Franz, doch er war auf Seiten seiner Mutter und brachte mir Gisela im Arm mit, um mich milder zu stimmen. Ich war zornig gemacht worden, noch wütender auf Franz, daß er das Kind als Schutzschild benutzte, und am wütendsten auf Tante Sophie. »Hinaus!« rief ich, und Franz verstand. »Mami!« weinte Gisela und streckte sich nach mir. »Die Mami hat Schmerzen!« sagte Franz. »Die Mami ist krank!« erklärte Tante Sophie, die sofort mein Kind an sich nahm. »Komm, wir gehen Rudolf anschauen.«

»Magst du dein Brüderchen sehen?« fragte Franz.

»Ja!« rief Gisela. Tante Sophie drängte mir ein »Gute Nacht!« auf, schloß die Türe. Sie ließen mich in Tränen zurück.

Vielleicht hatte ich ja wirklich eine Depression. Warum gab es keine Tabletten dagegen? Doch gegen Tante Sophie war kein Kraut gewachsen, gegen die gesamte Sturheit nicht hier an diesem Hof, in den sie mein Leben sperrten. Es fehlte noch, daß sie meine Gefühle beherrschten; jetzt weiß ich, wieso Gedanken unsichtbar sind und sein müssen und Rätsel in Träumen gelöst werden, damit sie einen in der Realität nicht durchschauen und nach ihrer Interpretation sezieren. Ich fühle mich entmachtet, dabei wollte ich nie Macht. Nur die Macht, die der Gärtner hat, zu leben und lieben zu dürfen. Es gibt nichts schöneres als lieben zu dürfen, und nichts wird von mir mehr gebraucht als Kinder und Tiere, in denen man sein Wesen sonnen kann. Ich bin diesen Momenten so dankbar und diesen Wesen, die einen das Leben vergessen lassen und in denen man sich selbst in Glücklichsein auflöst. Kinder und Tiere sind Quellen des Glücks, der schönsten und einzigen Anerkennung seiner selbst, und doch sind sie so viel mehr. Man kann zu ihnen aufschauen, und sie machen es einem so leicht, auf sie herunterzuschauen, und einige tun es, wie sie die leichte Straße des Teufels wählen.

Es begann Krieg, und während alle anderen im Guten wie im Ablehnen und in der Angst heftiger reagierten, wurde ich ruhiger. Es begann mir besser zu gehen. Durch die Briefe, die Franz und ich einander schrieben, war Hoffnung aufgekommen. Mein ganzes Leid brach durch, aber er und ich versetzten es in Leidenschaft. Die alte Liebe von Ischl und Possenhofen war wieder hergeholt, tanzte auf den Briefen ihre zukünftige Unmöglichkeit um so heftiger, als sie auch jetzt nicht möglich war, aber sie war einmal gewesen, zumindest in meiner Vorstellung, und ich brauchte sie nach wie vor. Das niedergedrückte Verlangen bäumte sich auf, und Franz sah Grenzen, innerhalb derer er sich austoben konnte. Dem Schlachten am Tag folgte eine Schlacht der Gefühle, ein Kampf um unsere Ehe. Menschen regten sich verwundet, drangen zu ihrer Menschlichkeit durch, einmal im Leben, sagten sich Dinge auf Papier, die sie sich selbst nicht anvertraut behalten konnten. Sie schrieben ihren Unglauben an sich selbst dem anderen. Franz liebte sich in meiner

Freiheit, die er mir gestutzt hatte, ich liebte seine entfernte Nähe, die jeden Wunsch zuläßt, für alle meine Hoffnungen Platz hat, Sehnsucht will, aufnimmt, *mich* aufnimmt, behalten will als Schutzengel über all dem Kriegsgeschehen. Magenta und Solferino. Franz erlebte die Schlachten als Wirklichkeit, und die Unwirklichkeit in unseren Briefen, ich erlebte in der Unwirklichkeit die Schlacht und die Wirklichkeit in unseren Briefen, versuchte noch einmal alles von neuem aufzurollen, ihm zu erklären, ihn endlich das spüren zu lassen, was ich während dieser beinahe vier Jahre gespürt hatte, erliebt hatte – erlitten, es ihm nicht geben, nichts davon mitgeben zu können, nicht einmal in die Schlacht. Ich versuchte ihm jeden Tag Jausenpakete der Liebe mitzugeben, jeden Tag mehr. Soviel Liebe hatte er ein ganzes Leben nicht begriffen. Er hatte sie nie gehabt, folglich wußte er auch in Wien nichts damit anzufangen, weil er sie gar nicht sah, nicht sehen durfte, auch nicht wagte, in mir zu wissen. Dort draußen im Feld aber, weit weg von seiner Mutter, war er allein mit sich selbst, angewiesen auf sich, und während er ganze Armeen führte, befehligte ich allein sein Herz. In Wirklichkeit war es sein Wunsch, der ihn lenkte, erstmals zugelassen durch die Abschiedssituation des Krieges. Kriege brachten Menschen näher, näher als sie jemals waren, so nahe, daß sie beinahe aneinander verbrannten. Nur: waren das dann noch Menschen? War es nicht die Situation, wieder nur die Situation, Franz? Wird unser Leben von Vorschriften geleitet, von der Krone, die andere mit ihren Anforderungen uns auf den Kopf setzen? Was bin ich, ein Spielball? Ein Spielball der Menschen? Der deine? Nimmst du mich mit? Sogar in die Schlacht? Werden unsere Worte von links und rechts zerschossen?

»Gibt es viele Verwundete, Franz?« fragte ich ihn, und ich ging in Spitäler, in deren Grauen zu sehen mich alles Schöne vergessen ließ. Ich brauchte eine Weile, um wieder unbefangen in die Sterne schauen zu können, ohne Angst, und zu begreifen, daß einem da oben nur Gutes entgegenleuchten könne. Ein Soldat bat mich, bei einer Amputation dabeizusein. Ich dachte, ich könne nicht zusehen, doch ich ging währenddessen weg, um einen zu beruhigen, dem man das Gesicht weggeschossen hatte, nicht, um einzusehen, daß dies die Trennlinie menschlicher Gesetze war, sondern um zu erkennen, daß hier auch Menschlichkeit ihre Grenzen hatte. Ich genierte mich zu sein, ich genierte mich für mich, ich genierte mich für Gott. So etwas läßt man nicht zu, so etwas kann man nicht zulassen als Mensch.

Die Ärzte brauchen das Lächeln, auch ihnen halte ich die Hand. Auch sie sind dem Anblick ausgesetzt, auch sie verfolgt das Geschrei die Nächte durch. Das ist Heldentat, die Frage nach dem Warum zu vergessen und gnadenlos Menschlichkeit über die Wunden zu streuen, ohne Sinn, ohne selbst erkennbaren Sinn. Weiterzuarbeiten, oft schon ohne Bezahlung, nur aus Gewohnheit, gebraucht zu werden.

Welche Männer sind das, die hinausgehen und anderen die Gesichter wegschießen, für ein Stück Land, in das sie dann ihre Fahne stecken können? Sollte nicht eher die Liebe die Grenzen sprengen? Ist die Liebe nicht stärker? Verbindet die Liebe nicht mehr die Länder? Das werde ich Franz nicht schreiben, sonst glaubt er mir noch und ist verzweifelt.

Der Mann, der die Amputation hinter sich hat, schreit. Aber es war im Traum, er ist noch nicht aufgewacht, ich komme nicht zu spät. Jetzt erst gibt ihm der Arzt die zu geringe Dosis – er muß Medikamente sparen – damit er früher aufwacht. Ich weiß nicht, ob er es tut, weil ich es versprochen habe, oder wegen des Kranken. Ich schaue ihn an, ein ehrliches Gesicht, er beachtet mich nicht, nein, er tut es wegen des Patienten. Der Mann ohne rechten Arm stöhnt, voll bewußt, Schmerz bemächtigt sich seiner, bis er dieser Schmerz wird. Er schreit, irgendwo in seinem Schmerz ist mein Gesicht, und er schreit: »Danke!« Ich weine. »Meine Kaiserin, ich liebe dich!« Er sieht nichts. Sein Schmerz nimmt ihn ein, zuerst das Sehen, dann den Sinn. Er ist tot. Oder ist er ohnmächtig? Ich warte nicht ab, es zu erfahren, und irre weiter, der Arzt holt mich ein, sagt, er ist ohnmächtig, und um es selbst nicht zu werden, gehe ich heim und schreibe es Franz.

»Mein Engel, mach nicht solche Sachen! Versprich mir das!«

»Franz, *du* machst solche Sachen!« denke ich und gehe reiten. Reite, reite, fliege … fort bin ich aus diesem Leben, und Gisela und Rudolf holen mich wieder ein. Nehmen mich links und rechts an den Händen und reißen mich zurück aus der Grausamkeit in die Liebe, dorthin, wo ich gehöre, wo ich auch meine Kinder zu Hause wissen will. Und Franz? Franz ist im Feld. Komm zurück und nimm dich mit als das, was du erkannt hast zu sein. Oder habe nur ich es erkannt? Egal, du bist es, wenn auch gesteuert von Tante Sophie.

»Seit Rudolf nicht mehr«, denke ich und sehe ihn an. Ein strammes Baby, das weiß, was es will. Könnte seine Mutter doch nur mit ihm mithalten! Hat Rudolf Einfluß auf die Brieffreundschaft – ja, es ist eine Freundschaft geworden –, auf den Feuerball der Liebe, den ich senden durfte und der akzeptiert gelesen zurückkam, immer wieder durch das ständige »Ich liebe dich« bestätigt, das ich diesmal bereit war zu glauben, nein, zu spüren. Ich glaubte ihm immer, nur ich glaubte *es* nicht, er glaubte mir immer, nur er glaubte *es* nicht. Wir waren zu verschieden, und wir lebten aneinander vorbei. Nur Franz' Disziplin holte uns ein und meine bestehende Liebe.

Franz kehrte zurück, unverletzt, nur angeschlagen, wissend, es gehe nicht so weiter, nicht wissend, warum, die Eisentore fingen ihn ein, die Hofburg legte ihre Pflicht um ihn, Tante Sophie ihre Arme, obwohl Franz und ich uns zuerst sahen und einander entgegenlaufen wollten. Sein erster Weg führte ihn zu Rudolf, dann zu Gisela. Rudolf nahm er aus dem Bettchen, Gisela schlief, er lächelte, beließ es dabei, hielt mich. Tante Sophie war gekränkt, dazu hatten wir unser Schlafgemach. Sie bot Kuchen an, selbstgemacht, nach ihrer Mutter Rezept, Schokolade, Rosinen und Vanille – Franz wählte mich.

Tante Sophie lockte mich dorthin, wo sie mich nicht hinzulocken brauchte – auf die Straße, Stimmung auskundschaften. Was denn das Volk sage über den Krieg, über den Kaiser, über sie? Über mich wohl auch, obwohl ich Angst hatte – davor, nur davor, ich hatte immer Angst, nicht zu bestehen. Fanny benutzten wir als Reiseführerin in eine fremde Welt, in ihre Welt. Fanny war ein Zwischenwesen, mir verbunden, der Welt vertraut. Tante Sophie machte sie zu ihrer Verbündeten, indem sie sich zu ihrer Verbündeten machte, sie wußte, daß Fanny stärker war. Tante Sophies Überlebenstrieb war geeignet für den Notfall. Ich hatte nie eine bessere Schauspielerin gesehen. Selbst ich vergaß die Angst vor ihr, als sie kumpelhaft wie eine leibhaftige Wäschemagd vor uns stand und Fanny freundschaftlich auf die Schulter klopfte und mir über die Haare strich. Auch ich mußte mich umziehen, Fanny hatte mir ein feines, für Tante Sophies Geschmack etwas zu ausgeschnittenes Baumwollkleid besorgt. Ich fühlte mich natürlich, wie sich mir die Bewegungen ohne hindernde Reif- und Unterröcke anpaßten. Tante Sophie holte tief Luft: »Gehen wir! Wenn Franz uns sieht!«

Was immer sie damit beabsichtigte, es hatte Erfolg. Mir gefiel es, und es war wie ein Zuckerl, das für sehr viel Zukunft reichen mußte. Die Menschen sahen mich an, die Männer starrten mich meist an, und immer, wenn ich es darauf anlegte; ich hatte keine Ahnung von ihren normalen Reaktionen. Tante Sophie, die andere, zuckte mit keiner Wimper. Sie hielt das alles für ganz natürlich, nur ich sie nicht, ich mich nicht, sei's drum, es machte mir Spaß. Meine Wangen glühten, ich spürte es, Fanny war die vornehmste von uns dreien. Jemand fragte sie, ob sie bei feinen Herrschaften arbeite. »Nein«, konnte Fanny es sich nicht verkneifen zu sagen, und Tante Sophie zuckte leicht zusammen. Im Gedränge hielten wir uns an Fannys Schultern fest, sie ging sicher ihren Weg, ein Schiff, dem zwei hilflose Rettungsboote hinterherzogen. Bald ließ ich Fanny los und machte meine eigenen Bewegungen, fand mich selbst, war Teil der Menge und doch losgelöst. »Hübsch bist du, Kleine!« »Gut siehst du aus, Mädchen!« »Ja?« fragte ich und meinte es so. Tante Sophie sah mich mit gespielter Verwunderung an. Sie grinste geradezu – und ich sah eine Seite an ihr, die vielleicht Franz an ihr sehen mochte, oder eine alte Freundin aus der Zeit der Lehrstunden, bevor sie »Tante Sophie« wurde. Mutter würde das hier nie begreifen. Ich auch nicht, aber ich stellte keine Fragen, mir gefiel es in dieser Straße viel zu gut. Ein Schaubudenbesitzer flirtete mit den Leuten, feilschte mit Liebenswürdigkeit um Aufmerksamkeit, die Annahme seiner Meinung über den Krieg, und dann mit mir. Tante Sophie verwickelte sich in eine Diskussion, die in der Vergangenheit noch nie gutgegangen ist. Es wurde mit Stöcken und Regenschirmen argumentiert, und Tante Sophie entfachte eine regelrechte Massenschlägerei, die das Volk in Kaiserhausbefürworter und Kriegsgegner teilte, wobei sie wacker auf der Seite derer kämpfte, die für sie und Franz in die Schlacht zogen, und handelte sich sogar einige Stockschläge ein. Wild entschlossen, den Volkszorn mit dem Regenschirm in der Mitte auseinanderzuschlagen, mußte sie am Ende die Unannehmlichkeit hinnehmen, auf Schultern hochgehoben zu werden, und nur von der überlieferten Angst der Männer vor der Giftigkeit alter Damen zu profitieren.

Schließlich brach die Bruchbude, die vorher als Schaubude angestrichen war, zusammen, die Polizei kam, und Tante Sophie flüchtete, wobei sich ihre Schürze öffnete und sie ihre Handtasche verlor. Da wird sich jemand freuen, ich sah den Jungen, der sie aufhob, noch bevor mir der Schaubudenbesitzer einen unsittlichen Antrag machte. Ich glaubte das alles nicht, als ich nachts im Bett lag, und Franz Tante Sophie zuvor gesiezt hatte. »Schlafen Sie gut, liebste Mutter!« Tante Sophie brachte ihm so gekonnt die Bewegung entgegen, die die Männer zum Handkuß zwingt, daß ich spürte, meinen Augen nicht zu trauen. Was war hier gespielt? Als ich Tante Sophie Gute Nacht gesagt hatte, sah ich in ihre Augen. Sie waren bewegungslos starr in die Ferne gerichtet. Plötzlich glaubte ich Tränen zu bemerken, wollte ihr die Scham ersparen, doch sie kam mir zuvor: »Ich habe an Sophie gedacht. Gute Nacht Sisi – und schlaf gut!« Ihre Stimme hatte sich gesenkt, auch ihr Haupt, und als sie sich aufrichtete, war sie wieder ganz mit Schale, eine vollkommene Haselnuß.

»Eine starke Frau, schade, daß wir einander in dieser Lage begegnet sind«, habe *ich* das gesagt? Ich sehe sie an. Nein, das kann ich nicht gesagt haben, tut mir leid, auch wenn ich mich selbst täuschen will, der Zustand verdrängt sich nicht an einem Tag, auch wenn ich das so möchte. Ich kann nicht sagen »Es hat mich nie gegeben«. Hilfe, ich kenne mich nicht mehr aus!

Ich muß ins Bett, Heine lesen oder wenigstens davonträumen …

»Laßt mir die Kaiserin in Ruhe«, hatte heute jemand aus der Horde derer gerufen, denen das entbehrte Brot näherstand als der Kaiser, »sie ist nichts als ein armer verirrter Spatz in der Hofburg!«

Franz hat meine Solidarität nicht verstanden, nur meinen Körper, also bekommt er ihn, mit derselben Sorgfalt zur Schönheit, mit der er die Quasten seiner Uniform ausrichtet. Mein Gemahl weinte in tadelloser Haltung um den Verlust der Lombardei, seiner schönsten Provinz. Napoleon III. hatte etwas geschafft, was ich nie geschafft hatte. Ich dachte an Ludwig, und daß mein Bruder weit davon entfernt war zu weinen, als er seine große Liebe heiratete, eine Schauspielerin, die den Beruf erst erlernen mußte. Ludwig ist wie ein glücklich gestrandetes Schiff, dessen Gold ihn ohnehin nur auf den Grund des Meeres gebracht hätte, und Franz erinnerte mich an eine gesunkene Galeone, als er so ausgestreckt mit Kopfschmerzen im Bett lag. Ob Franz auch wie Ludwig auf sein Erstgeburtsrecht verzichtet und mich gegen den Willen des bayerischen Königs geheiratet hätte? Ich saß auf dem Balkon, sah einen, vor dem die Armut Respekt hatte, der kehrte, ein wenig Staub für seine Arbeit zu suchen, und fühlte mich weniger anerkannt als er. Über meine Röcke kroch ein kleiner Käfer. Ich erschrak, daß mich ein Käfer eher dazu bewegte aufzustehen als Franz in seinem Bett. Ich ging zu ihm. Ich möchte so gern du sein,

Franz, du kannst dir meiner viel sicherer sein. Ich konzentrierte mich ganz auf ihn, um mein Leben zu vermeiden. Franz sagte: »Sei nicht so unruhig!« und nur Unbändigkeit hätte das wiedergutmachen können. Er griff in meinen Unterschied, besah mit den Händen alle Reaktionen, die er zuvor nur in einem medizinischen Buch erkundet hatte, das Bett krachte zusammen, Shadow hatte ein Bein davon angeknabbert, und Franz erschrak über seine Leidenschaft.

Wir wechselten das Zimmer, und ich setzte mich allein mitten in die Lust. Franz blieb erschöpft zurück. Er war allein. Ich war allein. Welch ein Unterschied! Das beste, das man im Leben haben kann, ist ein Wunsch.

Franz verwies mich auf mich, und ich brauchte Jahre herauszufinden, ob er es wegen mir wollte oder zu seiner eigenen Stimulation. Als ich seinen Vorschlag erfüllte, tat ich es aus einem anderen Grund. Es war seine Unfähigkeit, die ich Gefahr lief, nicht mehr verbergen zu können. Da er mein Glück nicht kannte, war er mit meiner Erleichterung zufrieden, die ich erst dann und auch irgendwie durch ihn erlangte, trotz seines Dabeiseins. Nur noch sein Verlangen, durch meine Liebe und mein ewiges Ungelöschtsein genährt, machte mir seine Gegenwart erträglich. Erlösung hatte ich längst vergessen, ich wollte sie bei ihm sehen, mehr Macht konnte ich ihm nachts nicht zugestehen, wenn er mich tagsüber nicht beschützte.

Wenn er nicht zu mir steht, braucht er sich auch nicht so in mich drängen, als suche er Schutz bei mir, den er mich ihm nicht geben läßt. Franz gab sich nicht aus Liebe, und ich konnte mich ihm weder unterordnen, noch zeigen, und er gehörte von nun an zu den Leuten, vor denen ich mich für meine Lust genierte, also zu allen außer einem. Gyula war es, der mich werden ließ, von mir selbst für ihn, durch ihn und für mich. Ich war für uns, in mir wurde die schmerzlose Geburt der Liebe, ihr Ziel und geheimer Treffpunkt. Ich schrie, als ich ihn spürte, und die Liebe wachte auf. Er war so in mir, daß er mich ausfüllte, weil meine Grenze es so wollte. Sie war nicht dazu da, ihn auszusperren, sie erlaubte es, ihn an mich zu schmiegen bis an mein Herz. Es war der Moment, in dem er wußte, warum es einen Körper gab, und er es mir erklärte. Er überwand ihn durch die Selbstverständlichkeit seiner Liebe als Instrument. Die Lust des Körpers hatte aufgehört, Bedeutung zu haben, indem sie da war, nicht da sein mußte, weil etwas anderes mehr wollte. Ich verstand die Bedeutung des Ewigen Nichts, des Nirwana, und fühlte doch etwas Schöneres: Liebe. Eine Form der Liebe, die alles durchgangen hat, genossen, erlebt, die dem Ursprung hilft.

Es brauchte nicht mehr irgendeine Form des Höchsten, das man anstrebt, es gab etwas hinter dem Nirwana – und ich hatte es erreicht. Nie wieder würde ich so fühlen, ich würde vergessen, man würde daran sterben. Aber ich wußte, daß es das gibt. Und nun galt es, das Leben auf dieser Erde zu meistern – mit irdischen Mitteln, mit den Grenzen des Körpers und dem Wissen um Freiheit – da draußen, irgendwo.

Die mir von Tante Sophie für meine Erziehung zu Hofsitten zugeteilte Hofdame ließ mir von ihr ausrichten, ich solle das Diner in Handschuhen einnehmen. Ich ließ mir einen Affen kommen, und als ich sah, daß er die Hofdamen erschreckte, bestellte ich gleich einen zweiten. Man rühmte das Benehmen meine Schwägerin Charlotte, die all ihre Intelligenz auf das Stolzsein verwandte, von einem regierenden Geschlecht abzustammen, während man meine Unterjochung von Franz an der Lästigkeit ablas, wieviele Exekutionen er meinem Geburtstag geopfert hatte. Charlotte und Tante Sophie empfanden es auch als bedauerlich einfallslos, daß in den Gefängnissen die Ketten nicht mehr rasselten, und meine Luxusgedanken störten Tante Sophies Auffassung von Sauberhaltung eines aufgeräumten Staates. Dafür sorgte ich für ein Badezimmer in der Hofburg.

Ich wünschte mir ein Narrenhaus, aber man beschloß dann doch, es nicht an einen eigenen Ort zu verlegen und auch den Königstiger gestand man mir nicht zu. Franz sagte, er würde die Affen fressen, und das war auch der einzige Standpunkt, den Shadow mit ihm teilte, denn Shadow ist so glücklich, daß man nicht dagegen ankann, und Franz weiß damit nicht umzugehen. Er ist stolz, der einzige zu sein, an dem der Hund nicht hochspringt. »Sisi, ich habe heute zwei große Hundeohren aus deiner Bettdecke hervorschauen gesehen, was zuviel ist, ist zuviel!«

Ich dachte an Shadow, an seine Stärke, und daran, daß er immer zu mir hielt. Shadow war mein bester Freund; und ich dachte daran, daß es etwas gibt, das ärger ist als unterdrückt zu werden – sich unterdrücken zu lassen: »Kennst du Lord Byrons Gefühl für einen Hund, Franz? Weißt du, was er seinem Neufundländer als Grabinschrift verfaßt hat? »Hier ruhen die sterblichen Überreste eines Wesens, das schön war, ohne eitel zu sein, das stark war, ohne anmaßend zu sein, und das mutig war, ohne wild zu sein. Es besaß alle Tugenden des Menschen, aber nicht seine Unzulänglichkeiten. Diese Lobrede, die eine absurde Schmeichelei wäre, befände sie sich über der Asche eines Menschen, ist nichts als die berechtigte Huldigung in Erinnerung an Boatwain, ein Hund, der am 8. Mai 1803 in Neufundland geboren und am 18. November 1808 in Wenshead gestorben ist.«

Manchen Frauen sollte man keinen Spiegel schenken, und doch tat ich es. Ich schenkte Tante Sophie einen wunderbar schönen, großen, silberumrahmten Spiegel vor Franz' Augen und streifte tief befriedigt zwei Reaktionen auf einen Schlag, um die ich mich nicht anzustrengen hatte, und die mir längst zustanden: Tante Sophie ärgerte sich, und ärgerte sich doppelt, weil sie vor Franz ihr sauertöpfisches Gesicht nicht zu verbergen schaffte, wodurch ich und sie unseren Zustand getauscht hatten. Ich fühlte mich singendleicht und schwebte mit geschenkter Leichtigkeit in unser Schlafgemach, wo ich Franz stürmisch einnahm und mich dann nachsichtig einnehmen ließ.

Ich dachte an Franz' Vater, der betroffen zurückgeblieben war ob seiner versäumten Courage, den einzigen hilflosen Moment seiner Frau nicht zum Lachen genutzt zu haben. »Ja, ja«, sagte er, »man darf sowas nur net im Ernst sagen. Wenn man etwas mit Humor sagt, kriegt man den Ernst schon.« Er konnte von einer Sekunde auf die andere neunzig sein, war schon in dem Alter, in dem der Körper dem Willen sichtbarer gehorcht als sonst, und wenn seine Frau nicht in der Nähe war, konnte er in losgelösten Augenblicken faszinierend Leben anzusammeln beginnen, auch wenn er immer nur – von der Phantasie des fortgeschrittenen Daseins gelockt – durch den Schleier der Vergangenheit blickte, in dem er mehr Freiheit vermutete. Die Erinnerung hatte den Raum verlassen und die Hoffnung füllte ihn sogleich aus; seine Erzählungen ähnelten dem »Es war einmal« der Märchen. Ich profitierte von seiner neuen Freude, die er im Früher vergessen hatte und nun zurückbrachte. Er betrog das Schicksal, hängte ihm Girlanden um, machte mit ihm, was er wollte, bis er Tante Sophie sah, und im Vorbeigehen alles glitzernde Leben an ihr abstreifte. »Wenn man das Zimmer der Vergangenheit betreten muß, um Schönes zu suchen, ist man alt. Man findet in irgendeiner Ecke Melancholie und hat damit in der Gegenwart ein doppeltes Laster, bei verblaßten Freundinnen nachdenkenswerte Eigenschaften, doch die Fadesse der Gegenwart erlaubt nicht, sie bei der Ehefrau anzuerkennen. Ich bin alt.« Er stand auf, schlurfte mühelos traurig durch das Zimmer und murmelte: »Auch für sie«, bevor er in seine Unterwürfigkeit entschwand. Als ich Tante Sophie ansah, wußte ich, daß der Übergang zum Gespenst ihr nicht sehr schwerfallen würde.

Es hat Tage gegeben, an denen nur du mich hättest retten können, Franz, denn nichts im Leben war, ohne es mit dir verbunden zu haben. Nur eines wäre stärker gewesen als meine wiederkehrende Krankheit, diese Fieberanfälle: Liebe. Der Wille zu ihr allein reicht nicht aus. Leopoldine riß mich aus der Apathie, vollzog ihre Aufgabe, Kindermädchen zu sein, an mir, und schickte mich zu einem Spezialisten, der so gut sei, daß man ihn erst gar nicht in die Nähe der Hofburg lasse. Ich fühlte mich bereits jedes Menschen so unwürdig durch meine Schmerzen, die es mir nicht erlaubten, mich geradezuhalten, und die demütigenden, nichtssagenden, nichts außer ihnen nutzenden Diagnosen Dr. Seeburgers und seines Kollegen, daß ich mich ohne Herzklopfen in der Kutsche wiederfand, als wäre es der Lauf der Selbstverständlichkeit.

Ich ließ in der Dämmerung vor einem Park anhalten, durchquerte ihn und wechselte die Kutsche. Enge Gassen kamen den Menschen entgegen, die etwas zu verbergen hatten. Ich bat den Kutscher, mich an der nächsten Ecke des Häuserblocks wieder zusteigen zu lassen und ging zwei gewundene Gassen zu Fuß. Ein rotes Licht leuchtete auf, aus einem Fenster hing irgendwo ein Strumpf, Mädchen standen in Vorsprüngen oder lachend in Gruppen an die Hausmauer gelehnt, Herrinnen der Straße. Sie beachteten mich allerdings nicht, betrachteten wohl die tiefverschleierte Gestalt nicht als Konkurrenz; sie wichen mir aber respektvoll aus und schienen froh, daß ich sie nicht beachtete. Männer huschten wie von Unsichtbarem gejagt durch unscheinbare Türen, das übermäßige Lachen einiger, die den Mut aus dem Schnaps gewinnen mußten, drängte sich auf die Straße, und ein Mann zog seinen Zylinder vor mir ungeniert und etwas übertrieben hoch. Hier in dieser Gegend fühlte sich die Nacht gebraucht, und ich bemerkte den schiefen Blick des Kutschers, der bereits auf mich wartete.

Ich sah einen eindeutigen Ehemann, oh Gott, es war derjenige einer der Hofdamen, damit war mir die Möglichkeit schon zu sehr ins Persönliche gerückt. Ziemlich gewagt, sein Zuhause aufs Spiel zu setzen, sich in irgendwelchen Hauseingängen in unbequemster Lage das noch schnell von sich selbst zu erbitten, was man daheim umsonst haben konnte, ausgerechnet von Männern, die vorgaben, in der Vernunft zu verharren, und es auch taten, um ausschließlich daraus ihre Befestigung zu holen, denn der nächste Parfumhauch eines vorbeiziehenden Straßenmädchens drohte sie umzuwerfen. Gut, daß sich Straßenmädchen als solche deklarierten, denn die Männer wären durchaus bereit, keinen Unterschied zwischen ihnen und ihren Ehefrauen zu machen, außer der Tatsache, daß diese vordergründig verlangten, jene nicht. Oder war den Männern bewußt, daß sie nicht bereit waren, jedesmal Liebe zu geben, und wollten das den Ehefrauen ersparen? Jeder kann den anderen nur so gut leiden, wie er gut zu ihm ist.

Man konnte es Mut nennen, wenn Männer so sehr bereit waren, sich Begierde ausliefernd, ihrem kurzen Glück nachjagend, das Eigentliche aufs Spiel zu setzen, das sie stets und immer und auch in Anbetracht des Abenteuers als solches anerkannten. Jemandem zu gefallen ist immer ungerecht, aber zeig einem Mann die höchste Fatique seines Lebens und ein paar nicht allzu hübsche Frauen, baue ihm einen Graben der Gefährlichkeit herum, und er wird hineinspringen. Verbotene Langeweile anzubieten ist ein wertgeschätztes Risiko der Männer, deren Zwang, für die Vernebelung ihrer selbst alles zu tun, immer ihre ganze Konzentration haben wird. Ein Mann griff eben gern in Brüste und Schenkel, verwerflicherweise eingeteilt in Namen wie Susanne oder Mathilde, und die Straßentiger lösten sich alle in praktische Mitzis auf, und außerdem ersparte man sich das ständige Umschiffen des Kaps der Guten Hoffnung, um nach einer Irrfahrt längst entdeckter Entdeckungen endlich in den fünf Minuten entfernten Hafen einzufahren.

»Ich bin zwar ein derber Vorstadtarzt, aber ich weiß über den Unterleib einer Frau besser Bescheid als viele meiner Kollegen.«

Von der Direktheit des Arztes war ich weniger geschockt, als ich dachte. Ich sah ihn durch den Schleier an, er bemerkte meinen Blick.

»Meine Patientinnen sind meistens Prostituierte, und Sie, Gnädigste, müssen sich ernstlich schlecht fühlen.« Er betreue auch gratis, versicherte er, sie bezahlten nur manchmal in Naturalien. Ich hätte ihm am liebsten den Schleier gelüftet, aber ich mußte mich vor diesem Mann noch ausziehen. Ich wollte wissen, ob ich so krank war, wie ich mich zeitweise fühlte, oder meine Ärzte so schlecht, doch ich fragte statt dessen: »Was führt die Männer zu Prostituierten?« Der Doktor untersuchte mich routinemäßiger als die anderen, schien mir, und erlaubte sich den Luxus eines Lächelns, da ihm Ehrlichkeit mir gegenüber wichtiger erschien als Mildtätigkeit gegenüber meiner Krankheit. Er nahm mich ernst.

»Mitleid, Rücksichtnahme und das Streben nach Vollkommenem.«

Ich sagte nichts, er merkte, daß ich in solchen Gesprächen verloren war.

»Ein Mann, durch die Schönheit und Güte seiner Frau, die er anbetet, gehemmt, läßt seinem Ich bei einer Prostituierten freien Lauf. Es ist alles in allem unglaubwürdig, denn er selbst kann nicht fassen, was da geschieht: es ist, als lenkte er alle seine schlechten Eigenschaften, in die er seine Energie richtet, in die gekaufte Frau, um unbefleckt zu seiner eigenen heimzukehren; all die tiefen Eigenschaften, die er für sie und für sich verborgen hält, und die sie ihm auch weiterhin verborgen halten sollte. Glauben Sie mir, ich spreche aus Erfahrung. Bevor der Mann seine gekaufte Schuld bei irgendeiner Frau ablädt, würde er sehr viel für sie tun, ihr alles zahlen – das wissen die Mädchen nur nicht.«

»Was habe ich, Doktor?«

»Gonnorhoe, eine Geschlechtskrankheit.«

»Gonnorhoe, was ist das?«

»Gute Frau, Männer übertragen das, und nur durch intimen Kontakt; eine unangenehme, gefährliche Krankheit, wir müssen sofort mit der Behandlung beginnen.«

»Und der Mann?«

»Warum, kennen Sie den Mann?« Ich bekam keine Luft. Was fragte dieser Mensch da? Wofür hielt er mich? »Wofür halten Sie Menschen?«

»Für das, was sie sind. Ich kenne Sie nicht, aber

ich kenne hunderte Fälle, Sie sind einer davon. Und ich habe gute Erfolge, gute Hoffnung, Sie zu heilen.«

»Wie stehen die Chancen?«

»Fünfzig zu fünfzig. Sie sind jung, stark, wohl gesundheitlich etwas angegriffen, auch nervlich, aber das bekommt man in den Griff. Ihnen würde ich eine siebzigprozentige Chance geben, denken Sie nur ins Gute! Sind Sie verheiratet? Entschuldigen Sie, ich wußte ja nicht ... ich wollte Ihnen auch nicht zu nahe treten, die meisten Patientinnen wollen das nicht. Wenn man über andere redet, ist es etwas anderes ...«

Ich war tot. Ich war innerlich tot. Ich ging, konnte nicht zahlen, die Vorzimmerdame schaute mich fragend an, der Doktor ließ mich trotzdem gehen. Er rief mir sogar eine Kutsche, bezahlte sie, was ich als schlechtes Zeichen deutete. Ich vergaß, die Kutsche an der Querstraße anhalten zu lassen, um in die meine umzusteigen, und mußte ein gutes Stück zurückgehen. Wie sollte ich es Franz beibringen? Woher kam diese Krankheit überhaupt? Ich wollte Franz nicht die Schuld geben, wie könnte ich, er wird so genug zu leiden haben. Ich muß es ihm verheimlichen, ich muß es jedem verheimlichen. Ich sagte es nur Leopoldine, die mich geschickt hatte, und sie brach fast vor mir zusammen. »Jesus und Maria! Was hat der Doktor gesagt? Wie weit ist es fortgeschritten?«

Offenbar war im Volk die Krankheit bekannter als ich dachte, und ich fragte sie, ob sie wisse, wie man dazu käme. »Von anderen Frauen«, sagte sie und begann sich ununterbrochen zu entschuldigen. Ich wollte Franz fragen, ich wollte, daß er mir in die Augen sah.

Als Franz mich mit »Guten Morgen, mein Engel, du warst schon aus?« begrüßte, sagte ich meine Frage auf: »Was ist Gonnorhoe?«

Ich verdrängte die Tatsache, daß ich mich von den Kindern verabschiedete, als würde ich sie nie wiedersehen, in Hoffnung, die ich bei ihnen zurückließ.

Franz begleitete mich zum Schiff wie ein Straßenhund, den man nicht dazu aufgefordert hatte. Ich war in meinen Augen für Franz gestorben, daher er für mich. Ich gab ihm die Hand, sagte auf Wiedersehen. »Auf Wiedersehen, Engel.«

Engel. Ja, Franz, das könnte stimmen.

Du wunderst dich, daß ich nicht reagierte, als ich es erfahren hatte.

Du hast mir bewiesen, daß ich dir so wenig bedeuten muß, daß ich in meinem Empfinden gar nicht mehr das Recht hatte zu reagieren. Du hast mich nur zerbrochen, meine Seele in tausend Teile zersplittert, mein Sein aufgehoben; der Schmerz war zu groß, ihn auf einmal zu empfinden, er mußte aufgeteilt werden auf Zeit, die ihn mir langsam bewußt werden ließ, meinem Körper gerade soviel Leid zumutete, wie er lebendig ertragen konnte. Keine Geburt, kein Schmerz, nichts ist damit vergleichbar, nichts Vorstellbares, nichts Unvorstellbares, es hebt das Erklären auf. Und wenn man nichts erklären kann, kann es auch niemand nachempfinden – und daran erstickst du. Du wünschst dir die Hölle als Erlösung, der Tod ist dein Freund, und für jemand sterben zu können Gnade. Du kannst es nicht erklären, und könntest du es, wolltest du es am wenigsten demjenigen erklären, der es verursacht hat.

Nach Madeira hatte mich das Ziel des Schiffes geführt, denn ich hatte keines mehr. Nach dem ersten Aufwachen an Bord versuchte mein Wille, sich selbst zu überlisten, und von da an war es immer so, denn ich *wollte* ja Franz lieben, und daß es nie gewesen war. Mein Wunsch, ihm nicht böse zu sein, mich vor ihm nicht zerstört zeigen zu müssen, verriet es mir, aber hätte er mir diese Gleichgültigkeit vergeben können? Meine Sehnsucht nach seiner Gutheit, nach meinem

Ihn-weiter-anbeten-Können war zu groß für die Realität, meine Enttäuschung größer als mein Zorn, meine Minderwertigkeit gewaltiger als mein Bemühen, in der Zufriedenheit, die mir früher aus meiner Schönheit gelang, zufrieden zu bleiben.

Ich war schön. Ich war die Schönste. Wie konnte er mich verlassen? Ich liebte ihn am meisten, weiß der Teufel, wer ihn sonst liebte! Er hat mich ja gar nicht verlassen, ich habe ihn verlassen, daran ist er schuld, daß ich meinem Stolz folgen mußte, meine Schuld zurücklassend, die stärker war als mein nie ausgebrochener Haß. Ich war vernichtet, von mir selbst und ohne Schuld als zu sein, obwohl ich gern die Schuld gewußt hätte, um sie auf mich zu nehmen.

Was hatte ich getan? Was, Franz, hatte ich denn getan? War es wegen Tante Sophie? Weil ich deine Mutter nicht so liebte wie du, weil ich sie haßte, jetzt noch mehr als dich jemals? Warum hasse ich dich nicht, auch wenn ich das Unergründliche in dir verabscheue, das dich dazu geführt hat, mehr Macht über dich hat als ich, deine Liebe zu mir? Wovon wirst du gelenkt, wer lenkt dich, du? Warum verleugnest du dich? Ob du auch bei einer der Prostituierten gewesen bist? Wer verlacht mich jetzt in diesem Land? Sind es viele? Ich weiß, du haßtest sie, täten sie es, denn ich bin dir heilig. Ich weiß, ich bin dir heilig. Weiß ich es? Du sagst es, aber du lebst es nicht, was zählt? Das, wozu du stehst. Ich bin das nicht. Der Umstand, daß du mit mir verheiratet bist, ist es, daß ich die Mutter der Kinder bin, die Millionen Einwohnern gehören sollen. Bin ich es, die deine Ordnung aufrechterhält, und das kleine bißchen Freiheit, das ich mir aus meinem

Wesen nehme, das du so sehr geliebt, bevor du es gezügelt hast, beläßt du mir und suchst sie nun in anderen? Ich bin für dich eine andere geworden, Franz, du bist für mich derselbe. Du hast mich nur in ein anderes Gebiet gesteckt, hast meinen Charakter begrenzt, wie du den Baum nur als Tisch beachtest, den Hasen nur als Bild, Tante Sophie nur als Mutter ohne Eigenschaften und mich als schwer zu ernährende Schönheit, die man mit dem wahren Leben verschont, mit den wahren Bedürfnissen, mit dem wahren Franz.

Ich war zerrissen von allen Arten der Traurigkeit dieser Welt auf einmal, ich hatte mit einem Stern geschlafen, mit meinem Stern, an dem ich verglüht war. Als ich den Boden Madeiras betrat, kam ein kleines Mädchen auf mich zu, zog mich und das Leben in seinen Blick und sagte etwas, das mir »Bist du die Königin? Weißt du, daß du schön bist?« übersetzt wurde, und das ich auch so verstanden hatte. Ich gab ihm mein besticktes Taschentuch, weil ich ihm ein Stück von mir geben wollte, und ich weiß, daß sich nie jemand über etwas, das ich ihm schenkte, mehr gefreut hatte. Es fragte: »Bist du traurig?«, und ich war so verzweifelt, daß es ein kleines Mädchen gab, das allein mich erkannte, und noch in seiner Freude Platz dazu hatte, daß ich hinter meinem Schleier die Scham verbergen mußte, so wenig geliebt zu werden.

Ich bat, dem Mädchen meine Adresse aufschreiben zu lassen und es mit seinen Eltern einzuladen, doch während der Übersetzer auf den Zettel blickte, lief die

Kleine weg, und als er ihr nachrief, rannte sie um so schneller in Richtung der steilen Gassen. Der Abgesandte des portugiesischen Königs, der alles mißmutig angesehen hatte, empfing mich, und nur aus Höflichkeit wählte ich nicht die Fahrt in den traditionellen Ochsenkarren, die wie Schlitten auf ihren Kufen von den schweren Tieren gezogen wurden. Während der Fahrt hatte ich Mühe, auf seine Worte zu achten, denn ich suchte das Kind.

Die Sonne, die Weihnachtssterne fingen mich ein, die Neugierde der Leute fiel mir kaum auf; sie saßen, meist schwarz gekleidet, was sie in einer Anonymität beließ, in der ich mich wünschte, vor ihren Geschäften und Hauseingängen zwischen Spitzen und gestickten Tüchern, als hielten sie nach Kunden Ausschau. Einige standen an den Wegbiegungen in kleinen Gruppen, aber es ähnelte mehr einem Zusammentreffen nach dem Kirchgang. Die Schroffheit der Felsen, durch die herrliche Luft und mein Verlangen bald in Geborgenheit verwandelt, die mich beschützte, schloß mein Wohlfühlen ganz in mich ein, und der Gesandte fand sich in der Peinlichkeit, die vier Hunde, die er eben mühevoll mit Steinen von der Straße vor dem Haus weggejagt hatte, für mich wieder einfangen und in den Garten bringen zu müssen, ich wollte sie behalten.

Das Haus war einfach wie ich und mußte damit leben, daß daraus eine Kompliziertheit gemacht wurde, die in einem Anachronismus eigens für mich angeschaffter Möbel endete. Für Fanny war es ein Paradies ihres immer mehr aufblühenden Aberglaubens. Bevor man das Haus betrat, mußte man dreimal die

Kuckucksuhr berühren, sonst bringe es Unglück, und durfte sich dann etwas wünschen. Ich sagte: »So ein Blödsinn, Fanny!«, und griff dann wie zufällig an die Kuckucksuhr, wobei Fanny mich nie ertappte. Ich ging auch um die Fransen des türkischen Teppichs im Schlafzimmer, legte die Bürste mit den Keramikblüten nach oben zwischen die beiden Kämme, da man dabei drei Wünsche frei hatte, und begrüßte täglich die orientalische Leuchte, die sich unter dem barocken Luster behauptete. In Madeira hielt das Leben an, und ich konnte gut verstehen, daß hier Menschen noch in Höhlen lebten, eines der wenigen Dinge, die ich mir von den Erzählungen des Gesandten gemerkt hatte.

Der Garten, verwunschen schön, schien für andere zu schlafen und nur für mich und die Tiere zu leben; ich fühlte mich sogleich zugehörig. So war es nicht verwunderlich, daß ich nach einer Rundfahrt durch das Gebirge, das im Hinterland bedrohlicher wirkte, vom Nebel verfolgt zu den amüsanten winzigen Terrassenfeldern, die jeweils nur ein bis zwei Kühe durch ihre Steilheit eingrenzten, den magischen Platz um das Haus zu meinem liebsten erwählte, wo doch alle Abwechslung in Flora und Fauna zentriert war. Tiere brachten mich immer zum Lachen, und mein Lieblingstier unter den Vögeln wurde ein zutraulicher Pelikan, den Tante Sophies bevorzugter Sohn Maximilian aus Brasilien mitgebracht hatte, und der mich, nachdem sich sein bester Freund, der Papagei, dazu entschloß, meine Schulter nicht mehr zu verlassen, ebenfalls die stürmische Seefahrt verlachend, begleitet hatte. Er hieß Max, doch ich entzog ihm den Namen; seit Franz' Bruder mit Charlotte verheiratet ist, heißt er Marie. Es weiß ohnehin keiner, ob es ein Weibchen oder ein Männchen ist.

Marie verliebte sich in Madeira, vergaß den Papagei, vergaß mich, und ich beschloß zu vergessen, daß ich nicht vergessen sollte, ihm die Flügel stutzen zu lassen. Nach ein paar Tagen hatte Marie keinen Namen mehr, auf den ersie ohnehin nie gehört hatte. Ich blickte auf den Hafen, der von meinem Balkon aus vorgab, dem Blau vorzustehen. Diese trügerisch schönen Schiffe, die von Land das Paradies mitnahmen, uns die Einsamkeit suchen ließen und die Sehnsucht unbestimmbar machten, warteten wie Verheißung auf den Sieg der Phantasie.

Keiner flog eleganter als die Möven mit den schwarzen Schwingen und den weißen Bäuchen und Köpfen, doch dann kam ein lustiger Pelikan von oben dazwischen und segelte und segelte, als wollte er das Fliegen herausfordern im Schuß der Freude dahin, so daß ich *dort* zu Haus war – aus meinem Blick, aus meinem Leben, meine guten Gedanken nahm er mit.

Tiere sind das einzige, wohin sich die Liebe immer flüchten kann. Doch andere sahen es nicht so wie ich, und ihnen war langweilig. Sie vertrieben ihr Dasein mit steigendem Unmut, der sich in Spionage flüchtete, und so war der Hof in Wien immer bestens über Gegebenheiten informiert, die ich erst nachträglich aus den Briefen von ihnen erfuhr. Einer meiner Begleiter, ein ungarischer Graf, der mir sehr sympathisch schien, wurde abgezogen, noch bevor ich merkte, daß er mich freudiger in seine Aufmerksamkeit geschlossen hatte als andere. Er befleißige sich über seine Aufgaben, erfuhr ich von Tante Sophie, und Grünne sprach es aus: Er sei in mich verliebt. »Und um mir das zu sagen, wurden Sie mir nachgeschickt?« Ausgerechnet Grünne, der seit dem Krieg bestgehaßte Mann Wiens, der die miesesten Generäle ins Feld geschickt und Franz so schlecht beraten hatte, dieser zum besseren Stallmeister abqualifizierte Generaladjutant, den ich noch deswegen bedauerte, wagte es mir ins Gesicht zu sagen, ich hätte einen Geliebten! Fanny, streng gläubig, doch insgeheim fest davon überzeugt, das Unglück in Form von Grünne käme wegen der nicht berührten Kuckucksuhr, verbrachte eine Nacht damit, von beiden Seiten abzuwägen, welches Ende mich schlimmer träfe, entschied sich aber dann letztendlich für die Wahrheit.

Das Rauschen der Bäume, das sich der Gewalt beugte, nahm mir die Angst, und die Natur spielte mit all ihren Möglichkeiten in einem Konzert auf, das die Elemente vereinigte. Nur die Rosen wehten sanft auf und ab, ihnen beließ die Mauer ihre Schönheit. Ich war inmitten des Geschehens, stolz, daran teilnehmen zu dürfen, Zeuge, daß meiner Liebe nichts geschah, die ich ihm entgegenbrachte. Ich fühlte mich behütet wie die Rosen, und während die anderen panikergriffen flüchteten, wagte ich mich mit dem mutigen Kapitän, der das Schiff hinaustrieb, näher dem Ereignis zu, ließ mich an den Mast binden. Der Sturm umfaßte mich, und die Gischt der Wellen erreichte mein Gesicht, mein Körper war umfangen, und ich bekam, ihn gebend, mich ganz zurück. Nur der Kapitän mit seiner Mannschaft und ich waren an Bord, und der ahnungslose Grünne, der den Auftrag hatte, mich zu retten. Grünne, der Fanny die Nacht und mir den Glauben für ein ganzes Leben geraubt hatte, daß echte Freundschaft erwidert werden müsse, der für oder gegen Franz Amouren arrangiert hatte, Auswege aus der Liebe, meiner Ehrlichkeit Fallen gestellt, in die ich alle getappt war, und jedesmal hatte ich verloren. Grünne, dieser Verbrecher, der glaubte, über mich gesiegt zu haben, indem er sich selbst hinterging, Grünne mit den siebenundzwanzig Gesichtern erschien an Deck. »Haben Sie keine Angst, Grünne!« schrie ich.

»Ich habe keine Angst, aber kommen Sie sofort herunter, Majestät!«

»Ich kann nicht, dann müssen Sie mich losbinden!«

Ich weiß nicht, wie Grünne es schaffte, mehr zu schwanken als das Schiff, aber als er bei mir anlangte, sagte ich »Hände weg!«, er rutschte aus, und dann fand er sich wieder in dem Schrei, den das Leben für ihn ausgesucht hatte.

Auf der Rückfahrt, der Orkan pfiff einem die Worte fast wieder in den Mund zurück, war der arme Kapitän bei dem Versuch, Grünne aus dem Fock zu ziehen, beinahe erschlagen. Sein Vertreter, ein junger Ungar, versuchte seinen Flaum in der Kühnheit abzustreifen, mir das Erlebnis einer Halse vorzuschlagen. Grünne, nach eigenem Wunsch dem Wunder der Vergiftung durch frischgefangene Muscheln erlegen, schlug sich an die Stirn und brüllte: »Wende! Keine Halse, um Gottes Willen, Mann, sind Sie lebensmüde?« Ich nahm an und mußte erleben, wie das Schiff beinahe einen Salto machte.

Zwischen Fanny und mir bestand die heimliche Übereinkunft eines Nichtangriffspaktes, und sie murrte nicht, als sie mir den Tang und ein Seepferdchen aus den Haaren löste.

»Fanny, da sind schon wieder mindestens zweihundert Haare in der Bürste.«

»Ich bin erschüttert.«

»Fanny, das sagst du jedesmal.«

»Ich bin auch jedesmal erschüttert.«

Es wurde aber doch eine herrliche Frisur, und das Seepferdchen, Fanny schlug es vor, ließen wir vergolden und schickten es Rudolf als exotische Ergänzung seiner Kriegsspielzeugsammlung. Franz schrieb mir, er hätte ganze Armeen vernachlässigt, um sich meinem Seepferdchen zu widmen, das trotz der Goldschicht noch nach Meer roch, und er selbst und Rudolf hätten unerträgliche Sehnsucht nach mir. Ich hatte auch Sehnsucht, nach Rudolf, Gisela und nach Zärtlichkeit, verband sie aber nicht mehr mit Franz, sondern mit allgemeinem Bedürfnis, Liebe zu leben; nur manchmal braucht man ein Streichholz, und es entsteht daraus ein Flächenbrand.

Ich ordnete dem Übersetzer an, eine Liste abstruser Dinge zusammenzustellen, die es nicht in der Apotheke gab, und erteilte Grünne den Auftrag, sie ebendort zu besorgen. Darauf bedacht, wenigstens etwas von meinem Unmut mit Freundlichkeit zu besetzen, hastete er sofort in die Stadt. Die pflichtergebene Phantasie des Übersetzers hatte nicht geschlafen: Von Schlangenaugenextrakt über zerriebene Tigerkrallen, Skorpionpenis und Spinnenexkrement, bis zu Rhizinusöl war alles vorhanden. Die »Brüste der Verkäuferin« fand ich etwas gewagt, doch als der Verräter mit einem Fläschchen Rhizinusöl und seinem eigenen

Degen aus dem Geschäft gejagt wurde, fuhr er noch an demselben Abend ab. Ich ließ ihn den Affen einfangen, der den Kuckuck aus der Uhr vertrieben hatte – verdammt, Grünne, wenn Sie einen Krieg strategisch organisieren, werden Sie doch wenigstens einen Affen einfangen können! – und schenkte Fanny die gerettete Kuckucksuhr, die nicht mir gehörte. Den Affen nahm er mit. »Sie bürgen mir persönlich für seine Sicherheit. Und sorgen Sie für sein Wohlergehen an Bord. Singen Sie ihm keine Schlaflieder vor, Grünne, Sie haben eine schreckliche Stimme!« Der Affe küßte mir die Hand, und Grünne entzog ich sie nur deshalb nicht, weil er es nach dem Affen tat.

Ein Land überlebt in erster Linie durch seine Sprache«, hat mir mein geliebter ungarischer Geschichtslehrer gesagt, und obwohl ich an die Juden dachte, die das ihre immer mit sich trugen, eben durch die in Phantasie gehaltene Heimat in Erinnerung des einst Möglichen anderen suspekt, lernte ich Ungarisch. Wohl auch freudig wegen Tante Sophie, in deren Augen alles, was ungarisch war, kein Anrecht auf ein Vaterland hatte. Die mit den Preußen sympathisierenden Ungarn, die das Gegengewicht zum einnehmenden Zentralismus Wiens suchten, waren naturgegeben Feinde des Hofes, was sie mit mir verband; ich liebte immer schon ihren Freiheitsdrang und ihre stolze Art. Man brauchte allerdings gar nichts davon zu wissen, wenn man Gyulas Uniform gesehen hatte.

Das war das äußere Leben in Madeira, das geheime

spielte sich nachts ab, innen, ganz in mir. Ich glaube, die Männer verstehen das nicht richtig: Betrug in der Liebe ist etwas Endgültiges, der gemeinsame Weg ist aus, ein riesiger Baumstamm über ihn gefallen, der unüberwindlich ist. Es geht nicht darum, daß Frauen beleidigt sind, gekränkt oder sonst was – du kannst es nie wieder gutmachen, nie wieder – in der Ehe vielleicht, nicht in der Liebe, denn dann war sie es ja auch nicht lediglich die Liebe, zu welcher derjenige fähig gewesen ist, der den gemeinsamen Weg beendet hat; die Liebe ist nicht zu Ende, er hat sie nur verlassen. Es gibt nur ein Ja oder ein Nein, traue keinem, der etwas anderes sagt, denn er verlangt den Kompromiß der Politiker und Juristen von ihr, doch Liebe ist Liebe, da gibt es keine Abweichung, wie man auch nur guter Hoffnung sein kann oder nicht. Jeder, der etwas anderes sagt und auch glaubt, ist nicht liebesfähig. Die Liebe ist eindeutiger und vielseitiger, weil sie das Alles umfaßt. Jeder, der abspringt, begnügt sich mit Details, ohne sie im Ganzen zu erfassen. Er sieht wie ein unzulänglicher Arzt das Bein, die Brust, den Körper – er sieht nicht die Beständigkeit, folglich ist er nicht beständig. Er wird nie eintreten ins Paradies und dort alles finden, weil er es nicht einmal auf der Erde kann, wo er die Chance hat, es sich selbst zu suchen. Du liebst oder du liebst nicht, so einfach ist das. Alles andere hat nicht das Recht, sich Liebe zu nennen, wobei Leidenschaft nicht bei körperlichem Zusammensein aufhört. Viele können nicht damit umgehen, es geht mit ihnen um. Gehst du mit mir um, Franz?

Frauen setzen Liebe nicht so aufs Spiel, gehen erst, wenn es keine Liebe ist, wenn sie es merken, und dann ist es kein Risiko, nur Erlösung. Warum Männer nur immer vor dem großen Ganzen flüchten, wenn man etwas Großartiges erreichen will, daran bauen, solange das Leben dauert; wieso fangen sie immer wieder bei neuen Frauen von unten an, bedeutet ihnen der Anfang so viel, um ihre Unfähigkeit zu verbergen? Wer wohl die Ehe mit Liebe verbunden hat, und wozu und warum die Männer immer noch mitspielen? Damit die Ehefrauen ihnen die Regeln festigen, an die sie ohnehin nicht glauben? Wozu gibt es überhaupt Ehe und warum spricht bei deren Schließung keiner von gemeinsamem Hausstand – der Mann muß versorgt werden, die Frau muß versorgt werden – reicht das für die Ehe nicht? Die Liebe sollte nur eine Draufgabe der Freiwilligkeit sein, das wäre gerecht. Aber diese Hinterhofschleichereien, denen bis zum Kaiser alle erliegen, deren Vertuschung die ganze Aufmerksamkeit des Lebens erfordert. Wenn man alt wird, wird man nicht weise, sondern alt. Weise zu werden, hat man in der Jugend viel bessere Chancen, denn dann sucht man es freiwillig. Wenn jemand sagt, ich bin froh, daß ich nicht mehr jung bin, dann gilt das nicht. Er ist es ja nicht mehr.

Ich weiß jetzt, was ich für dich empfinde, Franz. Mir hat sich das Gefühl plötzlich vorgestellt: Verachtung. Ich habe gehaßt, aber es nie für dich gefühlt, nur für deine Taten. *Mich* lügst du an, Franz, mich, die dir am nächsten steht? Es war sicher niemand mehr für dich da in Liebe, ohne Berechnung in keiner Art, ich habe rein aus Liebe gehandelt, immer. Ich habe oft etwas verlangt, weil ich dachte, dir Freude zu machen, wenn du es mir leicht erfüllen kannst. Dein Leichtes war oft meine Plage, denn ich mußte danach meine Wünsche zurückstellen, zügeln wie ein durchgehendes Pferd, das sich aufbäumt vor Sehnsucht und Lust und Begierde nach Freiheit. Ich teile mit ihm das Drängen, das die Schnelligkeit überbrückt, mein Sehnen will hinaus über die Grenzen, ins All des Lebens der Gefühle, die zaubern müssen, um auf der Erde bestehen zu können, sich verstecken, unsichtbar bleiben und nicht zu riechen sind, sonst wären sie längst entdeckt und gefangen. So müssen wir sie besuchen, so ist es eingerichtet – und es ist gut so.

Weißt du, was mich am meisten trifft, Franz? Daß du so wenig von meiner Liebe gehalten hast, daß du mich anlügen mußtest. Ich hätte doch alles für dich getan, auch alles verstanden, wenn es wirklich so gewesen wäre, dich nichts anderes retten hätte können als andere Arme, hättest du es mir erklärt, oder nur gesagt, dann hätte ich es dir erklärt. Aber so ... mir alles zu nehmen, jeden Glauben an mich, mich so allein zu lassen, auch vor mir selbst. Ich hab' ja keinen Sinn, habe jeden Sinn in deiner Lüge verloren. Ich muß doch denken, daß ich dir überhaupt nichts gegeben habe, es nie konnte. Bin ich für dich so etwas wie eine alte Tante, mit der man höflich nicht einmal um den Geschmack streitet? Es stimmt, unsere Gespräche haben nie gelebt, außer ich war glücklich. Wenn ich glücklich war, warst auch du glücklich, das muß man dir lassen. Du warst leicht zu beeinflussen – oder gar nicht, und es kam mir nur so vor, hast du nur von Zeit zu Zeit ein Stückchen mitgenascht von mir, meinem Empfinden, wann immer es dir paßte? Du kannst dir Glück wirklich einteilen. Von sieben bis halb neun, so wie du dir deine Frauen einteilen konntest. Trotzdem kannst du ein perfekter Ehemann sein, für die Frauen, die dich nicht lieben, überhaupt nicht lieben. Die Frauen haben auf die Lehre der Männer die Geschichte lang mit Überleben reagiert, die Liebe abgeschafft, auf die Kinder übertragen und reduziert auf die paar Stellen inneren Schmerz, wenn die Tür der Zeit Überlegung eingelassen hat, beim Tod des Gatten oder wenn die Strickarbeit einmal früher fertig war. Unvorhergesehenes war ihr Feind, nicht einmal der Mann – sie wußten, woran sie waren – ich aber nicht. Bist du mein Feind, Franz? Mein größter Feind? Du wolltest mich nicht verletzen? Aber du hast es in Kauf genommen, ich war eine kleine miese Spekulation in deinem sauberen Leben. Mir ist es nie aufgefallen wie jetzt, daß ich nie mehr mit jemandem reden konnte, seit ich von zuhause weg bin, ich hab's nur gespürt,weil ich es auch gar nicht wissen wollte. Ich wollte alles mit dir haben, leben, tun, sagen, durch so viel Zärtlichkeit dem Leben gegenüber zueinander stehen – das Leben hätte nur erfreut darauf reagieren können! Ich wollte mit dir das Leben glücklich machen, mit deinem Körper Neues finden, immer Neues. Jedes Miteinander ein Ausflug in eine andere glitzernde Geheimniswelt. Ich glaube, ich will nicht sterben in der Vorstellung. Ich will nur noch sterben ohne sie.

Irgendetwas muß dir ja auch gefehlt haben – vielleicht du selbst. Das, was du mir nicht gegeben hast, hast du dir auch nicht gegeben, nur anderen Frauen, denn du selbst hättest nur bei mir glücklich sein können. Aber du wolltest davon nichts wissen, von deinen Ausflügen aus dir, aus uns, deshalb sollte ich auch nichts von deinen Ausflügen wissen. Es wäre deine einzige Chance gewesen, es nicht getan zu haben. Eigentlich bist du arm, Franz, und ich bin genauso arm wie du, denn ich habe dir nicht helfen können, und deshalb nicht mir. Du wolltest nie, daß ich dir helfe, hast du gedacht, deshalb existiert es nicht? Hast du die große Kluft mit Freundlichkeit überbrückt, außer man hat dich überfordert, indem man dich geliebt hat, etwas für dich wollte? Noch dazu etwas, was in deiner Welt nicht vorkam, das noch nicht auf dem Gemüsebeet der Tante Sophie gewachsen war; eigentlich ist sie ja deine Mutter, aber ich vergesse das immer, fürchte mich für dich vor ihr, doch exakt diese Eigenschaft der Vereitelung der Eigenschaften zeigt mir die Verwandtschaft. Irgendwann muß man sich lösen, irgendwann ist man für sich selbst verantwortlich, und daß dich diese Erziehung nicht dazu gebracht hat, Verantwortung übernehmen zu können, zeigt es. Mein Vater hat immer mit mir gesungen, du hast Länder bekommen, wer war glücklicher? Armer Franz, wer hat je mit dir gesungen? Dein Vater, er kommt manchmal zu mir, zwinkert mir zu, dann erscheint Tante Sophie, und er verschwindet wieder, ins Nebenzimmer, will unauffälliger nicht gebraucht werden.

Ich beneide Heine darum zu schreiben, aber noch lieber wäre mir, nicht schreiben zu müssen, sondern zu leben! Lieber würde ich alles dem Baum erzählen, meinem Platz, den ich mittrage, der immer anderswo ist, sich selten einstellt, aber wert, ein ganzes Leben darauf zu warten.

Manchmal, wenn ich hier die Wendeltreppe hochsteige zu einer Galerie, gehört sie ganz mir. Ich fühle mich zu Hause in diesem Wohlfühlen, und weiß doch, ich muß es bald wieder verlassen, um mich nicht zu sehr daran zu gewöhnen. So ist es mit jedem Ort dieser Welt, der sich nicht bewegt.

Ganz zeitig morgens, in der Dämmerung, durch die Faszination der Stille festgehalten, gedachte ich meiner ersten und einzigen Liebe in Possenhofen, die einem Schatten galt, den ich von meinem Zimmer aus sah, und der alle Möglichkeiten auf sich zog. Er war das Leben, mein Leben – und er wird es immer bleiben, bis ihn mir jemand erfüllt. Es war ein junger Mann mit irgendwelchen Haaren, irgendwelchen Augen, nicht einer jener Lieben, die einem den Wunsch auf blond fixieren, und wo nur eine bestimmte Augenfarbe den Ansprüchen genügt. Die kleinen Lieben zwischendurch, in denen sich doch jeweils ein, aber nur ein tiefes Gefühl ausbreitete, das man damit verband und das groß hätte sein können, wäre es das einzige aus einem selbst, und man darin beständig.

Als ich die ersten Vogelstimmen hörte, die mich in die Freiheit riefen, konnte ich nicht anders, als zu folgen. Ich schlich zu dem armen klapprigen Pferd, das man mir zur Verfügung gestellt hatte, und das mich freudig schnaubend begrüßte, obwohl ich die übliche Karotte vergessen hatte.

Mich zog es magisch zu den Hütten, die ich besonders miserabel befand, und die die stolzen Häuser erfolgreich zu verstecken suchten, und ich legte vor jede Tür Geldscheine oder einen Ring aus meiner Schatulle. Ich war aufgeregt, daß mich niemand ertappte, und als mein Beutel sich leerte, war ich traurig. Doch ich dachte, daß in einer dieser Behausungen das Kind vom Hafen wohnen könnte, das wieder meine Hoffnung rettete. Ich sah ein umschlungenes Paar, das die Nacht auf einer Bank überrascht hatte, und das durch das Getrappel meines Pferdes wieder in die Wirklichkeit zurückgeholt wurde, und ich dachte an den Abschied in Wien, an Franz, der für sein ihm aufgedecktes Versteck Gebühren an Gott zu zahlen bereit war, der seinen Schmerz meiner Abfahrt in Kauf nahm, aber ob der Schande nicht bemerkte, daß die meine größer war. Ich wollte glauben, was ich nicht spürte, wissen und keinen Gegenbeweis entdeckt bekommen. Ich wollte, daß das Leben seine grauenhaften Geheimnisse behielt. Sollte es rechthaben, gut, aber es sollte allein davon wissen. Durch sein Schuldgefühl konnte Franz mich auch nicht vor meinem Verderben retten. Er ließ mich ziellos in das Unglück meiner Gedanken laufen, denn seine Arme konnten mir keine Geborgenheit mehr bieten, und sein schlechtes Gewissen meine Hoffnung darauf.

Ich ritt zurück und striegelte das Pferd, dem das offenbar völlig ungewohnt war und das sich sehr über die neue Erfahrung zu freuen schien. Als es dann auch noch einen Sack Karotten bekam, wieherte es und galoppierte überschäumend ziellos davon. Ich bedauerte, daß es für mich kein ungarisches Halbblut sein konnte, und ich hatte es unbändig lieb.

Mein Leben hatte bisher aus Warten auf Franz bestanden, nun sollte er warten. Ich habe noch Angst, zurückzukommen, aber ich möchte dir sagen, daß auch das Gefühle für jemanden voraussetzt, vielleicht mehr als du dir selbst zugestehen wirst zu wissen.

Das Eingesperrtsein ist meine Geborgenheit. Ich

möchte nicht allein sein, nur wenn ich mich so am wenigsten einsam fühle. Das Meer ist da, es beruhigt so sehr; die Kontinuität, die doch durch Wellen abwechselt, die dich teilnehmen läßt, nichts übel nimmt, immer ist – solange ich bin. Wann immer ich es brauche, wird es an derselben Stelle sein, wie ein Baum, der meinen Umarmungen nicht davonläuft, sondern fest für mich steht. Dem Meer geschieht für mich nichts. Manchmal wird es wütend, aber es nimmt mich auf, ich habe keine Angst vor ihm.

Manchmal wünschte ich, es würde mich für immer aufnehmen.

Mit einem Mal traf mich das Los aller Frauen, ob Freundinnen, Geliebte, Ehefrauen oder sonst von der Zuordnung des Mannes bestimmt, durch naturgegebenes Liebenmüssen in der Bahn gehalten als unauflösbare, doch immer zu überschreitende Trennlinie zwischen Mann und Frau. Ich wollte die Wahrheit wissen, jedes Detail der Wahrheit, und daß er sie für mich erkämpfte. Wesen streben Vollkommenheit an, und ich wollte sie leben, doch Franz bemühte sich nicht. Stahlhart fühlte er sich ertappt, und seine Reaktion war die eines Soldaten, nicht diejenige eines Liebenden. Er nahm meine Niederlage hin und machte dadurch die Zerstörung, die sie in meinem Empfinden war, endgültig. Ich war zerschlagen, meine Hoffnung, ich hatte sie nie gehabt, er raubte mir die Erinnerung daran.

Man darf der Natur nichts entreißen. Ich sah eine zutrauliche zierliche Tigerkatze umherstreifen, die der Gärtner mir brachte. Niemand von uns wußte, daß sie Junge hatte. Sie war nicht sehr gut genährt, und ich gab ihr Fleisch, das sie schnell und gierig fraß. Ich war so müde, daß ich einschlief, nur ein-, zweimal das Klagen der Katze vernahm, woraufhin ich ihr noch eine Schüssel Milch mit Wasser und eine Portion Fleisch hinstellte. In der Nacht war die Katze aus dem Fenster gesprungen. Sie hatte sich auf dem Steinboden den Kiefer gebrochen und sich noch in ein Gebüsch zu ihren Jungen geschleppt, die man morgens an ihrem toten Körper trinkend fand.

Die Jungen überlebten alle, aber ich werde nie ihre Mutter vergessen. Der Gärtner zog sie auf und wir verteilten sie unter dem Personal, wobei sich jeder zuständig fühlte und die kuscheligen verspielten Wesen ziemlich unabhängig durchs Gras tollten. Je glücklicher sie waren, desto mehr dachte ich an die Tapferkeit der kleinen Tigerkatze und an die Unerbittlichkeit der Natur, die ihren Anspruch auf ihre Weise wieder einforderte. Wie wunderbar wäre es gewesen, dem Glück der Kleinen zuzusehen, ihre Unbekümmertheit zu teilen.

Ich überließ mich der Intensität der Sonne, deren ausstrahlendes Licht dennoch kalt war und mein Haar zum Aufglühen brachte, wie ich es mochte. Es half mir nicht, Schmerz zu verdrängen, ich war mir nur selbst nicht Belastung für andere, wenn ich schön war. Schönheit war mir Voraussetzung für das berechtigte Fühlen, in welche Richtung immer es gehen mag. Mein Aussehen überzeugte mich, daß es mir besser ging, und mein Körper sollte heute Nacht die letzte Fieberinjektion erhalten.

Die Verlockungen des Wetters – für die Katzenbabies, die an zwei große Schatten heranschlichen, kühn tapsten und vorschnell zurücksprangen, rollend versuchten, damit zu spielen, eine Selbstverständlichkeit – machten auch die Menschen kommunikativer mit dem Tag, zu dem die Natur einlud. Man paßte sich ihrem Herzschlag an, das Lächeln allzeit bereit.

Mein Gefühl entschied sich angesichts der Gleichartigkeit des Adjutanten und seiner begleitenden Schwester für die Schönheit des Mädchens, während mich der junge Mann gleichzeitig abstieß, was mich nervös machte, da meine Sympathie dem Katzenstreicheln beider galt. Dennoch winkte ich nach dem Adjutanten und bat ihn, mich mit seiner Schwester alleinzulassen, die mit beiden Streicheltigern im Arm freudig auf mich zukam. Ich nahm ihr eines der Tiere ab, das meine Wange rieb, und sie gab diese Zärtlichkeit an das ihr verbliebene Kätzchen weiter. »Ich liebe sie«, sagten wir und schlossen uns damit ein.

Ich fühlte mich ihr so nahe, zwei Wesen, die es genossen zu lieben, wir waren so gleich und wir verbrachten die Nacht als ein Gedanke.

Im Fieberverlangen, den Tod nur durch die Begierde nicht zu fürchten, näherte ich mich ihrem Weiblichsten, mich dem Zärtlichen aussetzend, dem wir uns nicht anzupassen brauchten. Ich spürte meine Entdeckung in ihrem Höhlenspaziergang durch die Weichheit, die Gedanken auslöscht. Sie erkannte mich auf ihre Weise, ohne mich jemals zu erkennen, sie brauchte sich dafür nicht anzustrengen. Es war die Kraft der

Natur, die ihr die Möglichkeit gab, mich darin zu spüren. Ich war zu Hause auf der Reise in den Ursprung, ohne zu wissen, daß es ein Zuhause gab. So wurde ich geboren, das ist der Zustand der Geburt: seinen Körper durch die Reaktion auf die Berührung erklärt zu bekommen. Wir dachten gleichzeitig nicht, das Denken war noch nicht geboren, wir spürten gleichzeitig. Es war ein Fügen in die Empfindungen vor unserer Zeit. Die Faszination des totalen Gleichklangs überflügelte jeden Wunsch. Ich hatte keinen Wunsch an sie, sie hatte keinen Wunsch an mich, als uns der Anatomie der Richtigkeit auszusetzen. Wir suchten nicht den Sieg über das Unerreichbare, wir genossen das Erreichbare, aßen unseren Vorrat auf, lebten uns aneinander ab, bis nichts mehr da war außer einer Explosion, die uns außerhalb unserer selbst katapultierte. Es war kein Probieren, sondern ein Spiegel, Nachmachen, eine angeborene Gleichzeitigkeit, die das Denken ausschloß, und das Fühlen und das Herz durch die Intensität, die schneller war und nur noch ein Erstaunen zuließ.

Ich spürte Dankbarkeit der Nichtanforderung gegenüber, währenddessen Zärtlichkeit von ihrer Seite in mich eindrang und von mir zurückgegeben wurde, und danach das erste Mal die totale Leere; der Körper hatte nichts mehr zu geben, und Neues entstehen zu lassen war er nicht bereit, dazu fehlte die Liebe, die Anforderung an sich selbst, das Aufgeben für den anderen. Dazu fehlte ein Mann – und das Vertrauen, das man zu entwickeln hatte, und das hier und jetzt vorhanden war, dadurch nicht einmal anwesend, unerwünscht geschenkt.

Nichtssagend und überflüssig war die Zeit danach, als wir nichts mit uns anfangen wußten, weil die Körper alles gesagt hatten. Ich weiß nicht, ob man es Brauchen nennen kann, darf, es ist der vom anderen erstickte Schrei des Körpers.

Ich erwachte – es war ja nur ein Traum. Fetzen davon blieben hängen, und als ich in den Tag ging, im Sonnenlicht meine Seele reinzuwaschen, war sie noch stellenweise damit bedeckt. Doch das Bewußtsein nahm sie weg, und ich wußte auch nichts damit anzufangen, es war mit mir geschehen. Die Natur forderte mich ein. Es war mehr als Notlösung gewesen, Unerfülltheit führt dich in die schwarzen Stellen, an die man sich im Leben nicht zurückerinnert, man wird nur dorthin getrieben und sucht eine liebende Seele, die befreit, lebenslang gefangen in ihrem Glücklichsein durch dich. Gnade Gott, alle Flirtereien gingen in Erfüllung! Dem Ungewollten, durch Verzweiflung erpreßt, flieht die Unerreichbarkeit, spaziert oft als Gnade an dir vorüber, Lebenselixier der Phantasie.

Ich erinnerte mich meiner ersten und einzigen Liebe, des Schattens in Possenhofen, dessen Anblick man mir geraubt hatte. Nach meiner Erinnerung waren es nur zwei Briefe gewesen, die wir einander hatten zukommen lassen als Bezeugung der Ewigkeit. Als ich erfuhr – ich weiß nicht mehr, von wem –, daß er krank sei, bat ich ihn, an den Abendstern zu glauben, der an meiner statt schützend über ihn wachte. »Ich kann nicht aufstehen«, schrieb er mir, »die Sterne gehören zum Leben, nur noch zu Dir, ihr Blick zu ihnen nur noch Dir, ich kann Dich nicht mehr begleiten. Die Sterne gehören zur Zukunft des Vergessens.

Wenn Du an mich denkst, werden Dir auch die Sterne gehören, Du mußt jetzt schon allein ihre Schönheit ertragen.«

Erst in dem Augenblick, als das Schiff von Madeira ablegte, erkannte ich Tröstliches in diesen Worten, die nur Liebe, die über mich hinausging, finden konnte.

Die Insel wirkte dunkel, fast bedrohlich, und die Felsen, in denen ich mich zuvor geborgen gefühlt hatte, schlossen mich nun aus. Abschiedsgedanken waren düster, ohne Hoffnung; ich hatte ein Zuhause verlassen, das nie Zuhause war, sondern Notquartier, aber ich wollte nicht undankbar sein, nur froh, daß die Zeit mit mir vorwärtsstrebte, durch mein übergangenes Leben.

Es gibt einen Platz, wo die Sehnsucht Erholung findet, die Menschlichkeit ausruhen kann, wo das Denken sein Geheimnis hat, die Liebe Gottes Kraft schöpft aus den Menschen – mein Platz hat in diesem Leben noch keinen Namen. Ich möchte auf einem Stern mein Zuhause haben, von wo aus Gott seine Engel verschickt. Wir nahmen Kurs auf Korfu, doch in mir schienen die Gedanken der Entdecker Platz genommen zu haben, die das Schiff heimlich abbiegen ließen, und ich wünschte, diese standesgemäße Privatjacht der Königin von England, mit der man bisher jedes Abenteuer umschifft hatte, würde angesteckt von einer ihrer wilden Vorgängerinnen und den Spuren Sir Francis Drakes folgen. Ich beneidete sogar Maximilian, dem ich zwar aus intuitiver Vernunft schärfstens abgeraten hatte, seinem Ehrgeiz bis nach Mexiko zu folgen, doch selbst die Last der Krone konnte ihm nicht die Freude der Überfahrt und die Lust der Ungewißheit nehmen. Ich hätte ihm seine Reiseerfahrungen gerne geraubt und hätte doch Verlangen nach immer mehr. Ich möchte alles sehen, ich glaube, mir wäre die Welt zu klein. Ich begegnete Fanny in Mallorca, die mit dem Personal auf der »Osborne« folgte, doch ich erkannte sie nur an der Frisur, sie war bleich und offenbar nicht interessiert an einem Zusammentreffen mit irgendeinem menschlichen Wesen, das sie an sie erinnerte. Auf dem Weg nach Malta beruhigte sich die See, und auch die Ärzte kamen wieder zu sich, das Licht war gleißend, und ich hatte keine rechte Freude vorwärtszukommen. Das einzige, was mir blieb, um nicht vollends in Agonie zu verfallen, in die mich das Gefühl für den Wiener Hof brachte, waren diese kleinen Vögel und die mitgebrachten Bäumchen und Gewächse, die die »Osborne« »in einen Wintergarten verwandelten« wie Fanny sagte, denn darüber würden die Kinder begeistert sein. Knapp vor Malta hörte ich Schüsse, und als ich mich wie selbstverständlich dem Himmel zu richtete, sah ich Möven. Es ist Wahnsinn, wie sie fliegen, ohne mit den Flügeln zu schlagen, sie hören überhaupt nicht auf. Sie fliegen so wie ich leben will … plötzlich stürzte eine davon ins Meer. Ihr hatte der Schuß gegolten, denn Möven, erklärte mir der Kapitän, gäben in Malta die beliebtesten Ziele ab, sie wiesen den geschicktesten Schützen aus. Zum Teufel mit ihm! Hat wieder so ein Mörder seine Neigung in der Jagd ausgelebt.

Die Wolken standen so aufgereiht über dem Meer

wie eine Herde Schafe, und regelmäßig dazwischen dunkle Wölfe, die sie hüteten. Im Himmel ist alles verkehrt. Ob Franz mich dann wieder lieben wird?

Immer heller wurde die Meeresfarbe, bevor sie den Strand erreichte. Korfu. Frieden trat in mich ein, er schien hier zu wohnen. Orangen- und Zitronenduft stimmten mich fröhlich, und die Realität nahm wie der Liebe auch dem Liebreiz der Insel den Kitsch. Ich wollte wiederkommen, mich nun nicht damit befassen, denn die Möglichkeit des Glückes auf Korfu überflügelte meine Phantasie, die der Sehnsucht nach den Kindern und dem Wiedersehen gehörte. Ich wollte nichts Wunderbares mehr erleben ohne sie, und doch mußte ich ein Stückchen Glücklichsein für sie mitnehmen, die mir die freudige Begrüßung eines Delphins in die Gedanken der Zukunft einpackte. Delphine nehmen uns an, wie wir sind, weil sie von uns nichts anderes erwarten, sie leben mit sich zufrieden und stellen sich gerne vor. Ein Weibchen schien mich adoptiert zu haben, nachdem es sein Baby verloren hatte, und ich beobachtete seitdem argwöhnisch die Fischer und überlegte, wie man es abschirmen konnte, verwarf aber wieder den Gedanken, denn Freiheit, den Sinn der Liebe, festzuhalten ist der Urgrund des Wahnsinns. Es gibt keine Sicherheit für Liebe, Liebe ist Sicherheit. Sie ist ewig, auch wenn die Personen wechseln, weil sie ihr nicht standhalten. Ich konnte dem Delphinweibchen die Gefahr nicht bannen, die es mir mit seiner Liebe fernhielt, und versuchen konnte ich es nur, solange ich blieb. Seine Zuneigung war beständiger, es verließe mich im Meer niemals. Mein Ortswechsel war in mir vorbestimmt, die Untreue des

Menschen erkannte gerade noch, daß die Wahrhaftigkeit in den Tieren immer ihren Platz finden wird und haben, behalten, wie ich mich zu dem Behaltenwollen meiner des Tieres hingezogen fühlte – diese Vollkommenheit der Abrundung der Liebe, die uns fehlte und die unser Sehnen leben ließ. Vielleicht war ich der Grund seiner Gefährdung, weil es sich zu sehr in Strandnähe aufhielt, um mich ständig zu suchen und auf mich zu warten. So blieb mir bei meiner Abreise wenigstens die Annahme, für ein Wesen Gutes zu tun, was mich noch mehr mit dem Delphin verband. Bevor wir ablegten, brachte ich ihm Makrelen, die er in der Zeit, die ich brauchte, sie ihm zu geben, genauso gut selbst hätte fangen können. Er schien erstaunt, daß ich das schaffte, und mit diesem Zeichen gegenseitiger Anerkennung zog er wieder weiter hinaus aufs Meer, trennten sich unsere Wege – allerdings nur scheinbar, denn unterirdische Verbindungen, die sich auch in den weiten Raum der Möven erhoben, bildeten ein magisches Dreieck der Freiheit zwischen Meer, Himmel und mir, also Erde, und als das Schiff die letzten der Fischernetze passiert hatte, schwöre ich, wieder meinen Delphin gesehen zu haben, der einen Luftsprung aus sich selbst machte, vor Freude, wieder ganz ein Delphin sein zu können. Mein Herz hüpfte mit.

Ich kam nach Hause und es war weniger peinlich als ich es mir vorgestellt hatte. Es war peinlich, daß es überhaupt nicht peinlich war.

Ich kam zu Tisch, als wäre ich eben von dort aufgestanden. Tante Sophie riet mir die Selleriesuppe zu essen, sie mache meine Wangen rot, obwohl ich ohnehin eine fast zu gute Gesichtsfarbe hätte, Sonne sollte wärmen, nicht färben.

Shadow litt unter dem Klimaumschwung, ihm fehlte die Kommunikation mit den Hunden, die in Wien alle hinter dem Ofen den Nebel verschliefen. Er hatte Zeit für seine Erschöpfung und schlief ein, wobei er wohl von Madeira träumen mußte, denn er wedelte immer wieder mehrmals begeistert auf den Boden klopfend. Der Diener fing seinen lauten Schwanz mit einem Stück Teppich ab, damit Tante Sophies Suppenschlag nicht gestört wurde, was Shadow aufweckte. Er trollte sich ein paar Schritte weg und ließ sich krachend neben dem Tisch zwischen Gisela und Tante Sophie fallen, und seine Schnauze versteckte er zwischen meinen Füßen. Gisela lachte laut, der eingeladene Hofmarschall vermied sich anzuschließen, wurde hochrot und erstickte beinahe, bis ich ihn aus dem Dessert erlöste und mit Shadow in den Garten schickte.

Dummerweise befreundete sich Shadow mit einem Jagdhund, der die Angewohnheit hatte, den Damen die Röcke hochzuschieben und fremde Herren anzuknurren, weswegen er bei den Jägern sehr beliebt war, aber nicht bei Tante Sophie, seitdem er sie vor den Augen des Kardinals blamiert hatte, und der nun wußte, daß sie Beine hatte, die gar nicht so übel waren im Kontrast zu allem Sichtbaren. Shadow jedenfalls hatte es sich endgültig mit ihr verdorben, und sie floh jedesmal, wenn sie ihn sah, in Vermutung, der Jagdhund sei hinter ihm her, und so hatte auch Shadow Hausverbot. Er durfte sich nur noch in den unteren Räumlichkeiten der Dienstboten aufhalten, wobei ihm die Küche das Liebste war. Die einzigen, zu denen Tante Sophie immer ausgesucht freundlich war, waren die Köche, weil sie fürchtete, diese könnten ihr ins Essen spucken. Bei dem Servierpersonal ließ sie diese Möglichkeit schon aus, da sie der Meinung war, allein ihre respektvolle Gegenwart reichte, niemanden wagen zu lassen, sie anders als ein Tiger von hinten anzugreifen. Die Augen allein flößten Abstand ein, uneinnehmbare Kälte war ihr Machtmittel und wenn sie nun einmal einen Strahl Menschlichkeit durchließ, wurde ihr der hoch angerechnet – höher als so manchem anderen, sogar höher als Franz.

Mir fiel es schwer, nicht freundlich zu sein, nein liebenswürdig und liebevoll, liebend, ich empfand es als Strafe, von Geburt wegen freundlich behandelt werden zu müssen, und benutzte Shadow öfters als Schiedsrichter, der mich sehr parteiisch beriet, wenn es sich um in ständigem Wurstbesitz befindliches Küchenpersonal handelte.

Die Wiener hatten mich vermißt. Totgesagte vermißt man immer, schon aus Neugierde. Doch meine Seele hatte schon mitten im Spalier haltgemacht, und als Tante Sophie mich vor den Wachen und dem Dienstpersonal zurückbeorderte, als ich die Stiegen zu den Kindern hochlaufen wollte, war sie längst wieder auf Reisen. Es wäre meine Pflicht, zuerst alle anderen Familienmitglieder nach Rang und Alter zu begrüßen.

Ich war nicht gottes-fürchtig, aber ich wußte, wenn er diese Unumschränktheit des einzigen Wohlfühlens aufblühen ließ, das mich zu den Kindern trieb, und Tante Sophie mich mit ihrer Etikette aus Stein aus der Menschlichkeit zurückzerrte, war Gott geschlagen. Als Rudolf mir wie ein kleiner Zinnsoldat die Hand entgegenstreckte, und Gisela meiner Umarmung mit einem höflichen Knicks begegnete, fürchtete ich, meine Kinder waren ihr zugefallen. Ich hatte aufgegeben, Gisela und Rudolf ging es gut, sie hatte gewonnen, ich wurde hier nicht mehr gebraucht. Die ewigen Zwistigkeiten konnten für die Kinder nur schlecht sein, und die Auswirkungen in mir, die ich durch meine Trauer nicht unterdrücken konnte, arteten für sie in eine Katastrophe aus, die meine Gegenwart ihnen brachte. Ich war nervös darauf bedacht, zu ihnen durchzudringen, sie wie mein Vater meine Geschwister und mich als Kinder zum Lachen zu bringen, doch ich selbst merkte, daß meine Fröhlichkeit gespielt war, gehetzt von dem Gedanken an Tante Sophie hinter jedem Türspalt. Kaum war ich mit den Kindern zwei Stunden im Garten, und sie begannen zu bemerken, daß ich sie genoß und mich als ihre Mutter zu erkennen, rief Tante Sophie und schickte mich zu irgendeiner Laune, die man dem Kaiser als Gesetz aufgezwungen hatte und der ich folgen mußte, um nicht störrisch und unreif zu wirken – zu unreif, die Kinder zu erziehen. Gisela und Rudolf sollten nicht lernen, vor einem Schmetterling und einer Blume Achtung zu empfinden, keine Ahnung haben, daß wir Menschenaffen ähnelten. In die Wolken schauen war Zeitverschwendung, Wolken sollten Regen bringen, waren zu hoch oben, hatten ihre eigenen Aufgaben, und die zu kennen war genug, sie hatten mit uns nichts zu tun.

Wenn Rudolf nach dem schönen gelben Gefieder und dem glücklichen Zwitschern des Vogels fragte, der einen Zweig zu seinem Nest bringen wollte, hatte sein Vater ihn längst abgeschossen. Rudolf weinte, und Franz nannte ihn verweichlicht. Bald schon streckte er seine kleinen Arme aus, die kleine Uniform spannte sich, und er entlud die ganze Energie eines Kindes auf der Suche nach Liebe, aus der ihn seine Umgebung verächtlich in Haß zurückstieß, in seine auf den nächsten Vogel ausgerichteten Finger: »Peng! Du bist tot.« »Bravo!« rief Tante Sophie und applaudierte, »Getroffen!« sagte Franz, und Gisela und mir wurde schlecht, denn Franz hatte den kleinen Vogel, eine Lerche, tatsächlich getötet, und er fiel vom Himmel wie Blut vor unsere Füße. Rudolf nahm ihn auf, und die Gnade, einem Tier Zuneigung zu geben, wurde ihm verwehrt. Die Tränen, die seinem Vater galten, wandten sich aus Liebe gegen den Vogel und die Enttäuschung darüber, ließ sie für immer mit Schmerz verbinden. Ich hatte ein Szenario des Hasses verfolgen müssen, des sturen Irrsinns, und ich durfte nicht eingreifen, um meinen Kindern nicht zu schaden, ihnen nicht die Sympathie derer zu nehmen, von denen sie abhängig waren wie ich – ich hatte zugesehen, wie man einen Menschen bricht. Die Seele meines Kindes hatten sie gevierteilt, zu Grabe getragen, und seine Sensibilität verlacht, sein Herz als Schwäche ausgelegt und es zu einem Soldatenherzen gemacht, das andere mit Blei vollpumpen und daraus Freude gewinnen wird. Sie haben ihn zum Krieg erzogen – gegen sich selbst und gegen seine eigene Mutter, der sie vorwerfen, nicht fähig zu sein, einen Thronfolger zu erziehen. Das stimmt, ich bin nicht fähig, einen unglücklichen Menschen aus meinem Kind zu machen, aber auch nicht, es zu verhindern, anscheinend bin ich zu überhaupt nichts fähig hier an diesem Hof. Nichts hält mich mehr, vielleicht ist Rudolf in der Abwesenheit meines Unglücks glücklicher. Sein Lächeln war zornig, nicht erleichtert, er warf Steine auf Enten, die er früher gefüttert hatte. Er trainierte für den Ernstfall, für die Zuwendung von Franz, für den Moment, in dem seine junge Seele sich nur anpassen oder auch sein Körperdasein zerschellen konnte, denn Rudolf wurde wie ich ziemlich kränklich.

Ich konnte den vor mir selbst geheimgehaltenen Grund meines Verfalls nicht am Körper meines Sohnes vorgeführt ertragen. Tante Sophie schaffte es, daß Rudolf sie mochte, denn sie brach nicht zusammen, wenn er verrohte, sondern fing ihn auf in seinem neuen Weg und bestätigte ihn, während ich es nur dazu trieb, daß er zwischen Vater und Mutter und in sich selbst zerbrach. Rudolf mußte sich anstrengen, so zu sein wie der Vater, und mußte sich nicht anstrengen, so zu sein wie ich. Da kleine Kinder aber etwas leisten wollen, und ich es nicht aufbrachte, ihn zu loben für etwas, das er gegen den Vater tat, kapitulierte ich und mußte einsehen, es schon von erster Sekunde an getan zu haben, als Franz dem Neugeborenen zur Begrüßung auf dieser Erde den Orden vom Goldenen Vlies auf die zu atmen beginnende Brust legte. Mein Fehler bestand darin, Wahnsinn nicht ganz ernst nehmen zu können und aus Liebe zu verdrängen ... wie Rudolf aus

Liebe auf Vögel schießt. Ich wollte Rudolf die Milchflasche bringen, als Franz ihm seine Pistole und anhand einiger Zeichnungen und Zinnsoldaten im Gras erklärte, wie er seine Mami gegen zwei Millionen Russen am besten verteidigen könne. Ich nahm Franz den Revolver weg, gab ihm die Milchflasche und entfernte mich. Tante Sophie und einige der Hofdamen versuchten eilig, Franz aus der ausweglosen Lage zu befreien, und ich hörte Tante Sophie sagen: »Siehst du, wozu eine reife Erziehung und passendes Gefolge für einen Thronfolger nötig sind! Geh nur, Franz, du weißt Rudolf ja nun in guten Händen!«

Die schwierigsten Turnübungen auf Reck und Trapez machten mir nichts aus, ich schwang mich auf Ringen der Bewunderung entgegen, die ich liebte: in einer Manege, unantastbar, nur durch den Zauber mit denjenigen verbunden zu sein, die meinem Glück zustrebten, weil ich so tapfer war, es vorzuführen, oder impertinent genug oder so sehr die Liebe suchend, und weil ich das nicht wußte und alles vermutete, wünschte ich es mir ohne zu fragen, auch wenn es mich ein kleines Stückchen von mir entfernte, der Applaus würde mich näherholen. Die Abhängigkeit von anderen ließ mich vor ihnen zurückziehen, mich an sie heranwagen mit der Verzweiflung einer Tänzerin, die sich auszieht, alle auf einmal zu beglücken und doch niemanden. Körperliche Anstrengung half meinen Geist aus Erschöpfung zu verdrängen, die niemals eintrat, nur immer Ziel war, und deshalb schaffte auch die wildeste Herausforderung nicht, mein Lebensverlangen zu töten, das mir Qual wurde in dem Wissen, nur Ungestilltes brächte mir Berechtigung.

Ein Satz Tante Sophies schnitt alle Wege zu mir ab. Eine schwere Krankheit hatte ich überlebt; an der Pest Tante Sophies sollte ich sterben?

Nun gut, Gott hat ja auch sie gemacht – wozu hat er sich dann allerdings zu mir hinreißen lassen? Es kann nur einer von beiden gewinnen – ich oder sie, vielleicht soll sich der Bessere auf diese Art erweisen, also sie. Ich verkroch mich in die Hand Dr. Fischers, der mich aus den Polstern herausholte, hinter denen ich stehenblieb. Er zog mein Herz in sein Klopfen, und gemeinsam retteten wir mein Leben, denn ich konnte mich noch über seinen Willen freuen. Dr. Fischer verschob den Ausgang unseres Kampfes einen Augenblick lang zu meinen Gunsten.

»Es ist gerecht, daß die Erziehung der Kinder mir obliegt«, hatte Tante Sophie zu Franz gesagt, »deine Frau ist ja nur im Turnsaal oder im Stall bei den Rittmeistern, den Stallknechten oder auf den Pferden, nie im Schloß.«

Es stimmte, und ich hätte Franz nur erwidern können, es wäre nicht meine Schuld, aber das war dem Schicksal zu wenig, dessen Gerechtigkeit im Gewand der Gewalt zu Felde zieht. Dr. Fischer jedoch hatte die Großmut des Herzens, dessen Sanftheit die Strenge der Gerechtigkeit zu überflügeln vermochte. Er befreite mich aus der Hoffnungslosigkeit einer Antwort und schickte mich direkt aus der Ungerechtigkeit der Gerechtigkeit nach Korfu.

Tante Sophies machiavellistische Einstellung vom

Recht des Stärkeren war besiegt oder vorerst umgangen, was für mich dasselbe war, als die sanften Hügel meiner Sehnsucht ein Zuhause gaben, die so stark war, daß es ein Für immer rechtfertigte. Die Insel war eine Blüte, ein aus weißem Marmor und vielen Säulen luftig gebautes Haus, durchweht vom freien Geruch des Meeres, machte mich glücklich, und ein kleiner Hund, der sich vor mir aufpflanzte, zog mit der Gewalt eines zwanzig Zentimeter großen Hindernisses alles an sich, als ich ihn streichelte und erleben durfte, wie es sich in ihm zu Raserei entwickelte, die quietschte, quiekte, vor Vergnügen japste, um noch Luft zu bekommen zwischen all dem schönen Glück.

Die Wanderungen betäubten mir die Sinne und die Traurigkeit, der Zauber der Pflanzen duftete mit den silberblauen Monduntergängen um die Wette, die orange Sonne weckte mich auf und erinnerte mich an die Blütenmeere, die die Insel versinken ließen. Gott verschwendete sich, ich hoffte alles.

Sandbuchten, Blau, Fels als Grenze … diese Welt hatte alles, und sie hieß Korfu. Wozu herumreisen, mein Verlangen nach dem Sturm hatte Ruhe gefunden. Ich hatte keine Schmerzen, kein Verlangen als diese Wunschlosigkeit sein zu lassen, leben. Olivenbäume standen knorrig wie Hofdamen, und ihre Aufgabe war, die Pracht nicht zu bemerken, um ihrem Anpflanzen durch die Italiener gerecht zu werden, die sich den Vorzug erlaubten, die Insel mehrmals zu besetzen. Ich werde sie auch besetzen, das Nest einer Möve.

Die Trauer über das Leben ließ mich laufen, und daß es so schön hätte sein können, das Laufen machte mich traurig, und ich dachte an Franz, der alles, woraus ich bestand, »Suche nach dem Himmel« nannte. Alles an mir war Leidenschaft, die sich im Sinn der Philosophen auf das Leben übertragen hatte – ich dachte für die Welt, fing die Freude für sie ein, und die Suche nach dem Absoluten führte mich durchs Leben. Ich fand mich nirgends mehr als in der Musik, die mich meiner Energie bewußt werden, dem klaren Vogelzwitschern, das irgendwo zwischen den Wolken Glück vermuten ließ, dem Betrachten des »panta rhei« Heraklits, *alles fließt,* und ich spürte den Fluß des großen Denkers der Antike, in den niemand zweimal steigen kann, mich durchqueren. Das Leben mythifizierte sich selbst durch das Unwissen, das es uns nachwarf, um erhaben bleiben zu können, was immer es uns antat. Dann ließ es Inseln erblühen, Momente einen Schmerz zunichte machen, der dich führte, und ein Windstoß griff hinein in die Blumen und ließ eine Stelle Verwüstung als Erinnerung zurück. Das Leben ist dem Körper entwichen, oder es beginnt, wenn die Seele die gebrochenen Augen verlassen hat, mit deren Hilfe und Zuschreibung an Größe wir die Wandlungen des Leibes ertragen haben, und nun in ein neues Dasein übergehen, in dem wir sein können, wie wir immer schon wollten, wie wir immer schon waren, vorausgesetzt wir haben uns nicht bereits aufgegeben. Das Unbegreiflichste an der Seele ist ihre Eintrittskarte in neues Leben, großartig genug, vor ihr Angst zu haben, was man auf den Tod überträgt, denn er wird es sein, der ihre Wahrheit einlöst, oder nicht ganz an sie zu glauben. Tatsache Tod, dazu eingesetzt, die sonst verleugnete Existenz der Seele als deren Anregung anzusehen, im Leben dafür zu bezahlen, möglichst viel seiner selbst auszugeben, um mehr zu werden, den Platz des Glücklichseins auszufüllen, sehen wir nicht als Hilfestellung, sondern als Einkläger. Wir glauben immer noch, wenn wir geben, verlieren wir. Und wie ist das mit der Liebe? Ich bekomme gebend, aber man macht mir nicht das Glück, anzunehmen. Mich davon zu erlösen wartet der Tod – mich als das anzunehmen, das ich bin. Geschenke aus meinem Herzen zu ziehen, zählt hier nicht, die Seele hat offiziell keine Chance, stiehlt sich nicht davon in die Kindergedanken der Ruhe, als bunte Flußsteine noch anbetungswürdiger sein durften als in Form gezwungene Kronjuwelen, als die Augen mehr sahen als vorhanden war, und man spürte, worum es auf der Erde geht.

Sie betrachten mich als unrealistisch und vergessen, daß sie selbst auch eine Seele haben.

Ich wollte die Bewegung der Natur unter mir spüren, ihr folgen bis in ihr Innerstes und es als das meine erkennen. Tante Sophie fand nur in Kerzen, in gebändigtem Feuer Romantik, für Franz war ein Baum unrealistischer als ein gutgeschnitzter Tisch, ein gemalter Hase auf einem Bild anbetungswürdiger als ein lebendiger, wenn er nicht eben dekorativ verarbeitet im Kochtopf schmorte. Alles Leben, das nicht mit Menschlichem zu tun hatte, ist in ihren Augen überflüssig, und es wäre längst ausgelöscht, lebten wir nicht davon. Teil der Natur zu sein, war für Tante Sophie unschicklich, und sie zog ihre Rüschen darüber. Sie konnten nicht verstehen, daß ich meine Tiere nicht als Maskottchen liebe, sondern als reine Wesen anbete, von deren energievoller Liebe Gott lebt.

Die Menschen um mich herum schlossen sich ein,

wandten sich ab von den Elementen, die Kraft gaben, machten ihre Türen zu, wenn es stürmte, und verkrochen sich in ihren kleinen Zimmern, wenn ich teilhaben wollte an den großen Zeremonien. Ich wollte meinen Platz auf dem Fest der Natur, wie sie die Menschen aus ihrer sie fesselnden Macht schüttelte und uns letztendlich ihre Harmonie liebend aufzwang, still war, wieder wartete, uns ihre Hoffnung schenkte. Wie sie jede liebende Hand, ihr entgegengestreckt, mit emporschießenden Blüten belohnte, die Sonne die Trauer durchdrang. Ich wußte, daß das Erlernte der Ahnen nicht weiterzugeben war, daß Sprache nicht fehlte, auf die man im Diesseits ohnehin nicht hört; alles, was geschehen ist, ist stumm – in der Stille liegt das Wissen.

An den Mast des Schiffes gebunden sah ich das Geheimnis – meiner Seele macht der Sturm nichts, aber, der Natur überlassen, brachte sie mich an den Platz des Lachens und Weinens, dorthin, wo Tag und Nacht entstehen und Sterne geboren werden und ihr Grab finden, an den Ursprung des Lebens, wo Sein nur ein Austausch war. Die Unendlichkeit hob mein Mächtigstes an sich, zeigte ihr Herz meiner Seele, die plötzlich aus allem bestand, und ich wußte: Traum ist genauso Realität, eine eigene Realität, aber eine ewige. Du bist, wo du sein möchtest, und wenn du es nicht glaubst, verleugnest du deine Seele und damit dein Weiterleben, dein Leben, alles, was du hast. Du kannst dich nicht verleugnen, denn du warst einmal nicht, und doch bist du entstanden. Ich lebe jetzt schon das Leben nach dem Tod, denn es ist lebendiger als diese Scheinwelt um mich herum, und die Lebendigkeit der Erde entspricht mehr der meinen. Die Erde braucht mich genausowenig wie Tante Sophie oder Franz, sie zeigt es mir nur nicht so, sie nimmt mich auf, sie bringt mich zu Tränen, läßt mein Spüren singen und so reagieren, daß Worte nicht mehr ausreichen. Aus dem Tosen der Stille entsteht Verständnis – und ich habe es jedesmal gespürt, wenn ich in die Augen meines Hundes blickte. Aus der Einsamkeit ohne Menschen entsteht die Gewaltigkeit der Freude, die dich nicht von den Menschen entfernt, sondern dir hilft, sie wieder zu ertragen, fortträgt in das Innerste und sie in Gedanken mitnimmt.

Du hast das Leben erfahren, in dem du dich erneuert, deine Trauer und deinen Schmerz in ihm abgestreift hast, und wenn du zurückkehrst, hast du neue Kraft. Ich möchte immer mehr Teil der Natur werden, bis ich schließlich in sie eingehe. Sein wie ein Fluß und mich dafür von ihr umsorgen lassen, nähren wie die Bäume, der Sturm, und mich darin zurückziehen, bis ich für immer zurückkehre in das Geheimnis, das ich gesehen habe. Das wirklich Wertvolle ist für jeden da. Tante Sophie war wenig erfreut, ausgerechnet von ihrem Lieblingssohn Max, den sie ohnehin schon an Mexiko verloren hatte, eine Originalinschrift mit einem alten Aztekenspruch geschickt zu bekommen, den sie mir überließ, weil er nur mir gefiel, den ich allerdings plötzlich verstand: »Wir sind auf die Erde gekommen, nur um zu träumen, und unsere Zeit ist nur geliehen.«

In der Einsamkeit zu leiden öffnet die Türen zu Weisheit, die du in der Ablenkung der Menschen nicht finden kannst, den tief in dir verborgenen Sinn reden sie dir weg wie die Trauer, doch beides ist noch da und immer vorhanden gegen jedes Spektakuläre; spätestens der Tod nimmt sich Zeit, sie dir aufzuschließen. Ein Baum braucht Zeit und Geduld, um jenen Sinn zu haben, den er ausstrahlt. Auch eine Ameise hat sie – alles nicht-menschliche Leben hat immer dieselbe Zeit. Nur der Mensch hat die Eile erfunden, die ihn aus sich selbst jagt. Er beklagt, keine Zeit zu haben, versklavt sich ihr so am meisten und wird Opfer seiner eigenen Erfindung – bevor es den Menschen gab, gab es Zeit nicht, nur Geduld – und es änderte sich gar nichts ... der Tod wartet genauso, es passiert nur vorher viel weniger. Jede Ameise erlebt, sieht mehr und hat mehr Macht, denn sie weigert sich nicht, Natur zu sein, ist mit ihr, nicht gegen sie.

Das Leben ist kompliziert? Aber überhaupt nicht! Sich zu ernähren ist kompliziert, aber die Liebe ist das Einfachste, dem man mit dem Einfachsten begegnen mußte: sich selbst. Zeigend, gebend, offen – und man kann das Leben erwarten. Oder im Spiel und mit Maske – und man kann den Tod erwarten.

Heine kann vielleicht die Welt nicht in deinem Sinn verändern, Franz, aber er bewegt etwas zwischen den Sternen. Die großen Gefühle gehorchen ihm, die die Erde bewegen und damit die Menschen, jeden einzelnen von ihnen.

Jeden könnte er bewegen, der von ihm liest, nur zwingt er sie nicht dazu, drückt ihnen kein Gewehr in die Hand wie den Soldaten im Krieg, die kämpfen müssen. Heine kämpft mit Liebe, mit Heiterkeit, einer Kraft, die besteht, wenn alle Gewehre längst verrottet sind. Die Gefühle durchstreifen die Geschichte, und die Zeit nimmt sie mit.

Wir sind zu schwer, müssen zu Staub werden, die Gedanken fliegen mit im Wind.

Die Zeit hat's nicht eilig, trägt immer dasselbe, nur die Menschen haben's eilig in ihrem kleinen Leben, müssen sich durch möglichst viele Kriege unvergeßlich machen und erweitern doch nur den Staub.

Ich hatte Angst gehabt, an den Hof zurückzukommen, pure Angst, und ich verkroch mich in den Nebel Venedigs, den die Hofdame Tante Sophies nicht angenehmer machte. Franz ließ mir die Kinder bringen, und mein Mut, der Sorge um Gisela und Rudolf und der Verzweiflung entsprungen, brach los aus dem Abgrund der Vernunft. All mein Widerwille gegen Tante Sophie lehnte sich plötzlich gegen die Hofdame auf, die, zu Tode erschrocken, mich mit der Gewalt Tante Sophies, ihr übertragen, nicht mehr unterjochen zu können, mein Leben verließ.

Der Karneval begann, und ich kaufte den Kindern Kostüme und Masken kleiner Teufelchen, worüber sie sich diebisch freuten. Gräfin Paula Bellegarde, meine neuerwählte Hofdame, lächelte, als sie ihr die Tür ihres Zimmers öffneten: »Wenn Mama das sieht …«

»Die hat sie uns ja gekauft!« sagten sie, und ein großer Teufel, der ich war, klopfte herausfordernd mit seinem koketten Schwanz auf dem Grunde der Fröhlichkeit an.

Seither hatte Paula mich immer erkannt, sah sie mit den Augen eines Tieres. Ich las ihr ein Gedicht von Heine vor:

Daß ich dich liebe, o Möpschen,
Das ist dir wohlbekannt.
Wenn ich mit Zucker dich füttere,
So leckst du mir die Hand.

Du willst auch nur ein Hund sein,
Und willst nicht scheinen mehr,
All meine übrigen Freunde
Verstellen sich zu sehr.

Tags darauf saß vor meiner Türe ein Mops. Keiner fragte, woher er gekommen war, er blieb, und diese Selbstverständlichkeit überzeugte auch Shadow, der in ihm keine Konkurrenz sah.

Rudolf war von Franz soweit gebracht worden, daß ihn die Namen der Vögel interessierten, nicht mehr, ob sie glücklich waren. Meine Gedanken mußten mit den düsteren Wolken mitwandern, die nach Osten zogen, in mein Grab. Mein Körper ist hundertzwanzig Jahre alt, und mein Geist lebt zweitausendfünfhundert Jahre zurück in der vorchristlichen Zeit mit Sokrates, Platon und den ihren. Die Fragen sind dieselben geblieben, noch immer halten die Menschen ihr Leben mit Antworten auf. Schönheit ist eine Tatsache. Mit Schönheit halte ich mich auf. Sie ist jener köstliche Moment des Weintrinkens, in dem die Welt stillsteht und der Genuß am Bild das Betrachten überflügelt, in dem Kritik verfliegt und ihr letzter Flügelschlag an der Gewalt des Urgrunds zerstäubt, mit der die alte ungebildete Frau: »Ach, ist das schön!« seufzt. Der Kritiker, bestürzt ob ihrer Intensität, die ihm fehlt, bemüht sich, diese durch aufgebauschte Bildung wettzumachen, und er ist sehr unglücklich darüber, um so unglücklicher, je mehr er das Bild in Gedanken zerreißt, damit seine eigene Unfähigkeit, es jemals malen zu können.

Keiner jener, die Heine kritisieren – sie versuchen, ihn zu zerstören, aber da es so viele sind, rettet man sich in den Begriff »kritisieren«, der Versuch, künstlerischen Mord im Kollektiv zu rechtfertigen und nach Möglichkeit noch für sich selbst Gewinn zu vermelden – ja, diese Zerstörer Heines, die selbst keinen einzigen Satz formulieren können, daß er Menschen bewegt, sind nichts als Parasiten an der Welt, die sich noch darüber mokieren können, wenn man sich über sie mokiert, denn dann haben sie doch irgendeine Bedeutung – Tante Sophies und Protagoras »Der Mensch ist das Maß aller Dinge«, das man in seiner eigenen Arroganz wiederfindet, und das doch an anderen unsympathisch erscheint.

Franz, der die Grausamkeit hatte, mich nicht an seiner Verzweiflung teilnehmen zu lassen – leere Worte sind schlimmer als das Schweigen – schrieb, daß Ludwigs Vater, Maximilian II., unerwartet verstorben war. Beinahe gleichzeitig kam ein unbefangener Brief meines Cousins, daß er sich nun auf die Rolle des Königs von Bayern vorbereite und ich fortan mit der ergebensten Treue meines Untertanen »gnädigst zu rechnen geruhen« sollte, um ihm »weiterhin die Leidenschaft des Himmels mit meiner Anwesenheit zu füllen«.

»Meine geliebte, einzig angebetete Sisi«, fuhr er fort,

»wieso versteht uns niemand außer wir einander? Wagner, dieser großartige Mann, der mein Herz regiert – verzeih, Göttin, aber seine Musik inspiriert mich zu selbst mir entglittener, noch großartigerer Anbetung deines zauberhaften Bildnisses, ich bestehe nur aus den Leiden der Leidenschaft, die ausschließlich Wagners Lohengrin und deine Anwesenheit zu lindern vermögen – dieses Genie also, dessen Musik einem Abbild deiner Schönheit gleich meinen Tag erhellt, wird gejagt von lächerlichen Schuldnern, und ich von meinen ›Beratern‹, die allesamt dem wüsten Irrtum verfallen sind, dieses Wunder je bezahlen zu können, obwohl sie dann doch sagen, sie könnten es nicht. So glauben wir denn alle immer wieder dasselbe, wenn wir auch unter Unbezahlbarkeit Verschiedenes vermeinen. In der dringenden Hoffnung, du mögest mich bald aus meinem Gram um das Alleinsein ohne dich befreien, verbleibe ich dein

ewiger Schwanenritter.«

Das Anziehende des Unfaßbaren verband mich mit meinem irgendwie verwandten Ludwig, den wir Cousin nannten, obwohl er nicht bestimmbar, noch sich selbst greifbar war.

Zu manchen Zeiten so schillernd schön, daß man die Pathetik seiner Worte auffing wie zugeworfene Äpfel, und sie sich einfach schmecken ließ – Schönheit raubt dir den Sinn, Damen fühlten sich geehrt, sprach er sie an, auch Herren – konnte er selbst seine Farbe nicht bestimmen; rot vor Zorn, legte sich sofort die Ruhe des Blau darüber, erlosch Sanftmut die Glut des Ausbruchs, dessen Ränder sich noch aufbäumten. Während Franz seine Rolle mit Demut trug, machte

Ludwig aus der ihm aufgebürdeten Tragik das Privileg einer Bühne, die ihm sein Bayernland bot, zwang die Bayern, seine Zuseher, die für seine Aufführung nicht einmal Eintritt bezahlt hatten, sein aufmerksam, bisweilen unauffälliges Publikum im Dunklen zu sein, und seiner Lichtfigur zu huldigen, weil es sie gab. Der Paradiesvogel der Bayern, dessen Bruder Otto im Irrenhaus unansehlich und introvertiert dieselben Wünsche lebte, machte mir mehr Angst als dieser. Die Möglichkeit, Wahnsinn durch Faszination abgebremst zu wissen, erweckte in mir denselben Zwiespalt wie schlechtes Gewissen, ausgelöst durch die mir sehr wohl bewußte oberflächliche Beurteilung eines klassischen Gesichtes und einer das Verführen beleidigenden Fratze. In die Pracht, wo auch immer, konnte man sich ergeben, es war der direktere Weg aus sich selbst, die Häßlichkeit forderte das Herz.

Ludwig liebte Menschen, haßte sich, liebte sich in ihnen, und weil er eine ihm adäquate Erscheinung selten zu Gesicht bekam, folgte er sich im Spiegelbild, oder er betrachtete mich. Wenn er mich ansah, glaubte er sich gut, es war ja nicht egoistisch, seine Begierde nach Schönheit in mir zu stillen. Diese Anbetung als übertrieben und gleichzeitig als berechtigt zu empfinden, führte mich ins Menschsein zurück. Wie schnell paßt man sich an – an Regen, an Glück – bis man bemerkt, daß es das Leben war, das einen angepaßt hat. Ich versuchte Ludwig auszuweichen, zu dem mich das gemeinsame Geschick zog: die Angst vor uns selbst.

Meine Gelenke schwollen wieder an, die Kinder und ich konnten das Wasser in Venedig nicht vertragen, und so ließ Franz uns täglich frisches Wasser schicken. Allein diese Nähe zu Wien ließ meinen Husten wieder aufleben. Dr. Fischer verordnete eine Kur in Bad Kissingen. »Ich bin heute den ganzen Tag und die halbe Nacht im Kreis geritten, um Dich zu erreichen«, hatte Ludwig mir geschrieben. »Wir sehen einander in Bad Kissingen, Theure.«

Die letzte Nacht in Venedig, einige Stufen des Alters zurückgelaufen, zog ich mit derselben Erwartung wie einst in Possenhofen den Vorhang zur Seite, und – Betrug! Gondeln umkränzten das Palais, der Mond und die untergehende Sonne bewunderten einander gleichzeitig und sagten »Gute Nacht«, als vis à vis, in einem hohen Haus, irgendwo ein Licht einen Schatten aufgehen ließ, der meine Sehnsucht anzog. Ich wünschte nichts mehr als ein Zeichen von ihm, vielleicht käme er zu mir herüber, wollte mich finden, ich plante meine ganze Zukunft mit ihm. Wieso winkte er nicht, wieso unternahm er nichts? Erlöse mich! Man präsentiert in der Liebe ängstlich das Einfachste, zu Tode verschreckt nur dem hysterischen Verlangen ausgeliefert, der andere möge sich nicht darüber lustig machen, wie du bist, was du willst, jenseits des Scheins. Er winkte nicht. Ich tat es. Und da! Er winkte zurück. In all diesen Möglichkeiten der Welt, dem großen Blick aus dem Fenster sah er mich, eine flüchtige Ahnung in einem Schimmer auf der anderen Seite. Wünsche kreuzten sich, man liebte und anerkannte einander als Einsame auf einem Planeten, die nur das Leben trennt. »Getrau dich nicht zu glauben, meine Liebe hätte eine Grenze, die du ihr nicht setzt – nur du kannst sie vertreiben. Wenn du mich berührst, greifst du in die Liebe, und du bist für mich verantwortlich“, sagte ich zu ihm als jedem Wesen, und nur die Tiere wagten sich an mich heran.

Der Zar und seine Frau mit Tochter trafen gleichzeitig mit Franz und mir in Bad Kissingen ein. Ludwig kam nicht, Ludwig erschien nicht, er brach über uns herein. In seinem leuchtendgelben Samtumhang mit Leopardenfellkragen, lila Hemd mit schwarz-goldenem Besatz und dem Flackern blauer Flammen im Blick, die Aufmerksamkeit aller dem ungebändigtesten Männerhaar, das ich je gesehen hatte, ergeben, begrüßte er uns täglich mit einem Zitat von Schiller, bevor er uns tatsächlich begrüßte. »O, der ist noch nicht König, der der Welt gefallen muß. Nur der ist's, der bei seinem Tun nach keines Menschen Beifall braucht zu fragen. Schiller, Maria Stuart.«

Er wandte sich an den Zaren: »An der Krone funkeln die Perlen nur und freilich nicht die Wunden, mit denen sie errungen ward. Schiller, Don Karlos ...«

»Setz dich, Ludwig«, unterbrach ihn Franz, »guten Morgen«.

»Der Wille des Monarchen verleiht die Tugend wie das Glück«.

Franz und den Zaren schien er nicht wahrzunehmen, dafür machte er mir Komplimente meinen Haarwasserfall hinauf und hinunter, und der Zarin Diadem funkelte im Gleichklang seiner Augen. »Letzte Woche war einer bei mir, der hatte wahrhaft guten Hang zur Poesie. Er meinte, Politik sei, daß man Gottes Schritt durch die Weltgeschichte höre, dann zuspringt und versucht, einen Zipfel seines Mantels zu erfassen. Bismarck ist sein Name.«

»Bismarck wird der neue Reichskanzler, unser bedrohlichster Feind, und der Zipfel des Mantels, den er zunächst erwischen will, ist der deine.«

Franz schob Ludwig die Eier zu. Ludwig schob sie wieder zurück, erhob sich: »Wenn ich einmal zu fürchten angefangen, hab ich zu fürchten aufgehört. Schiller, Don Karlos. Schon Jesus Christus hat gesagt: »Liebe deine Feinde wie dich selbst.«

»Deine Nächsten«, erwiderte Franz.

»Meine Nächsten *sind* meine Feinde. Grüß Gott, wie wär's mit einem Spaziergang, die Damen?« Woraufhin die Zarin es ihm tatsächlich gleichtat, und auch mir stand der Sinn nach frischer Luft.

»Zur Hölle, in den tiefsten Schlund hinab mit diesen Ungeheuern der Natur, die kalt und herzlos nur sich selber lieben! Schiller, Turandot. Komm, Sisi!«

»Eh in das offene Grab mich stürzen als in eines Mannes Arm! Schiller, Turandot.«

Mit Ludwig konnte ich lachen. Mit einem Gefühl der Freude waren alle Ansprüche an das Menschsein erfüllt.

»Denn zu Zeiten der Not bedarf man seiner Verwandten, Goethe, Reineke Fuchs«, seufzte Franz, und der Zar aß Ludwigs Eier.

»Frei nur will ich leben«, rezitierte ich, mich ebenfalls erhebend, »bloß keines andern will ich sein; dies Recht, das auch dem Allerniedrigsten der Menschen im Leib der Mutter anerschaffen ist, will ich behaupten, eines Kaisers Tochter. Ich sehe durch ganz Asien das Weib erniedrigt und zum Sklavenjoch verdammt, und rächen will ich mein beleidigtes Geschlecht an diesem stolzen Männervolke, dem kein anderer Vorzug vor dem zärtern Weibe als rohe Stärke ward. Schiller, Turandot.« Und Ludwig setzte fort: »Ich will nun einmal von dem Mann nichts wissen, ich haßt' ihn, ich verachte seinen Stolz und Übermut. Nach allem Köstlichen streckt er begehrlich seine Hände aus; was seinem Sinn gefällt, will er besitzen. Hat die Natur mit Reizen mich geschmückt, mit Geist begabt – warum ist's denn das Los des Edlen in der Welt, daß es allein des Jägers wilde Jagd nur reizt, wenn das Gemeine in seinem Unwert ruhig sich verbirgt? Muß denn die Schönheit eine Beute sein für einen? Sie ist frei so wie die Sonne, die allbeglückend herrliche am Himmel.«

Die Zarin griff nach ihren Handschuhen und war gar nicht böse, statt dessen Ludwigs Arm gefunden zu haben.

»Was mag in diesem Mann wirklich vorgehen?« hatte der Zar Franz gefragt.

»Die lebendig gewordene Unvorstellbarkeit«, was der Übersetzer ungefähr mit »vom anderen Ufer« weitergegeben haben mußte. »Ich verstehe«, brummte der Zar, und versuchte, die hellblaue Nachttischlampe mit rosa Sternen und verschiebbarem Mond zu verstecken, die Ludwig ihm als Frühstücksüberraschung mitgebracht hatte, woraufhin aus dieser Wagners Lohengrin ertönte.

»Mich dünkt, Ihr Schönen«, sagte Ludwig zur Zarin und mir, »Ihr mögt an mir das, was die Männer untereinander verachten.« Er blieb vier Wochen, während der Zar mit seiner von Ludwig keines Blickes berührten Tochter unvorhergesehen früher abreiste.

*I*ch saß auf einer Bank und hörte einem Gespräch zu. »Dürfen wir uns setzen?« fragte ein Mann im Rollstuhl im Namen eines Blinden, dessen Arm er hielt.

»Selbstverständlich«, sagte ich und stand auf.

»Danke, junge Frau. Behalten Sie doch ruhig Platz!«

Ich lächelte, fühlte mich erfreut, geehrt, nützlich.

»In so reizender Umgebung läßt sich's besser plaudern. Die Zeiten sind ohnehin schwer genug, da tut Schönheit not, in welcher Art auch immer«, sagte der Blinde.

»Sie wundern sich vielleicht, daß ich von Schönheit spreche, denn ich bin blind – aber meinem Blick kann sich niemand entziehen. Ich darf intensiver sehen, da keiner es mir verbieten würde, ich habe Sie an Ihrem Lächeln erkannt. Mir ist die Gnade von Gott zugeteilt worden, mit den Menschen sprechen zu dürfen, mit ihren Larven kann ich nichts anfangen. Sie sind genauso unbedeutend und zerstörerisch wie eine Photographie, nach der man in schön und häßlich einteilt. Erst wenn der Mensch sich bewegt, kann man sagen, ob er schön ist. Sie haben eine schöne Regung, Sie – ohne Ihnen nahetreten zu wollen – erregen das Herz.«

Ich senkte die Augen, doch das erste Mal bezwang ich mich, und sagte »Danke«.

»Verzeihung, daß ich mich einmische«.

Der Mann im Rollstuhl sprach drolliges Englischdeutsch. »Sie erfreuen nicht nur das Herz.«

Ich hatte mir gewünscht, jemandem zu begegnen, der ein schwereres Schicksal hatte als ich, um das meine einen Augenblick lang nicht tragen zu müssen. Nun legte Gott mir den Schmerz dieser beiden Leute dazu.

»Verzeihung, wenn ich die Ehre haben darf, uns vorzustellen. Mein Name ist Mecklenburg, und der vorlaute Herr, über den ich eines Tages beinahe gefallen bin, ist John Collett, ein Privatdichter.«

»Elisabeth«, sagte ich. »Sehr angenehm.«

»Als wir begannen, einander gegenseitig zu bedauern, hat uns die Erkenntnis gepackt, daß Menschen meist um das beten, was sie selbst geben sollen, und seitdem haben wir einander im Leben behalten und haben nicht auf Gott gewartet.«

»Wenn ich etwas Glauben nenne«, erwiderte Collett, »warum erfordere ich dann eine Antwort? Ich habe sie mir selbst gegeben. Die Welt öffnet oder verwehrt sich im jeweiligen Gesprächspartner.«

»Sie sind Dichter?« fragte ich ihn.

»Ich bin ein ewig Suchender, aber meine Gabe, die Ideen, die er vorher gehabt hat, in Worte zu fassen, bezeichnet mein Freund als poetisch. Er ist nämlich adeliger Abstammung, ein Herzog, und daher Ehrlichkeit nicht gewohnt. Die hohen Herrschaften sind ja gefangen in ihrer Abstammung, die weit nach Adam und Eva begann, und in Wahrheit suchen sie die reine Dummheit der Naivität, die die Liebe so veredelt, auch wenn sie sich darüber manchmal lustig machen.«

»Clowns sind die Märtyrer dieser Welt, und die wahrhaft Bewundernswerten.«

»Clowns, lieber Herzog, sind wir alle«, meinte Collett, »gefährlich sind nur die, die sich erhaben fühlen, denn sie werden eines Tages unterdrücken – aber Clowns sind auch sie. Selbst Gott ist ein Clown.«

»Glauben Sie an Gott?« fragte ich ihn.

»Ich glaube an den Krieg, an die verschwendeten Gesichter, die sterbenden Herzen, die im Augenblick des Todes erwachen und wissen: nie wieder, und die diesen Glauben an die Macht der Unendlichkeit in der Hoffnung fortgesetzt wissen, die sie in den anderen zurücklassen. Ich glaube nicht, daß der Mensch für das Böse bestraft ist, sondern für die Erklärungen, die er dafür hat. Ich glaube an Worte, und an den Luxus, sie zu füllen. Könnte ich, würde ich die Menschen zwingen, glücklich zu sein, also ist es gut, daß ich nicht die Macht habe. Gott weiß, daß er nicht mein Freund sein kann, wenn er mir wehtut, ich weiß, daß ich nicht sein Freund sein kann, wenn ich ihm wehtue. Wir sollten Gott nicht in falschen Gebeten anlügen. Ich denke, er mag das nicht. Wir sollten mit Gott so reden wie du und ich. Ich muß glauben, solange ich selbst es nicht besser machen kann.«

»*Ich* glaube«, sprach der Herzog, und wandte den Kopf von mir weg, als könnte er sehen, legte dann seine Hand auf die Bank in meine Richtung, »daß die Liebe immer gewinnt, ohne zu kämpfen. Sie sind eine Siegerin, denn Sie strahlen Liebe aus.«

»… und die Gleichgültigkeit wird immer Ihr Feind sein«, ergänzte Collett, »Ihr ganzes Leben. Aber denken Sie daran, daß es Tote sind, mit denen Sie zu kämpfen haben werden. Verschwenden Sie nicht Ihre Energie an sie, verschwenden Sie sie an das Leben. Das

Leben sind Sie. Ich würde Ihnen gerne eine Blume pflücken. Herzog, würden Sie für mich die Hand ausstrecken, ganz nach links, neben Ihrem Schuh, dort steht eine blaue Blume. Ich erkenne sie von hier nicht genau, ich glaube, es ist ein Veilchen.«

»Lassen Sie es leben«, flüsterte ich. »So hat es die Chance, uns alle drei noch zu sehen.«

»Gut«, sagte Collett, »aber es ist *ihr* Veilchen. Vergessen Sie nicht, es wird immer irgendwo für Sie ein Veilchen blühen, dessen Leben Sie gerettet haben.«

Der Herzog und John Collett waren noch öfters meine Wegbegleiter in die freie schöne Umgebung, und jedesmal war ich es, die sich zu bedanken hatte. Bekommt man immer nur, wenn man gar nicht gibt, es gar nicht verdient? Ich vergaß durch sie diese kalten einsamen Gänge, in die ich zurückmußte, ständig von meinen Hofdamen begleitet, die Etikette fraß jeden meiner Schritte auf, und ich fühlte mich wie ein kleines Mädchen, das seine Eltern zum Ausgehen mitnahmen.

»Wissen Sie, was das Schönste an Ihnen ist, meine Herren?«

»Schönheit ist relativ«, brummte der Herzog, »ein Frosch würde antworten: ›die Froschhaut meiner Frau‹, aber ich nehme an, bei mir ist es der aufrechte Gang dank Ihres wirklich sensationell eleganten Spazierstockes, und bei Collett ist es der Rollstuhl.«

»Ihre Anwesenheit«, sagte ich.

»Ich habe ein Gedicht für Sie.« Der Herzog zog die zerknitterte Seite einer Zeitung aus den unerschöpflichen Schlupfwinkeln seines Anzugs. »Es ist von Heine. Collett hat es mir heute Morgen vorgelesen, und ich habe es einfach gestohlen. Moment, ich glaube, ich kann es auswendig: »Blamier mich nicht, mein schönes Kind, und grüß mich nicht unter den Linden; wenn wir nachher zu Hause sind, wird sich schon alles finden«.

Ich mußte lachen.

»Ich gebe zu, Majestät, hätte ich vorher hinter dieser zärtlichsten aller Märchenstimmen unsere Kaiserin gewußt, dieses Gedicht nicht so schamlos am frühen Morgen vorgetragen zu haben. Aber Sie kennen mich ja schon von meiner schlechtesten Seite.«

»Und ich bin froh, daß Sie diese beibehalten haben.« Ich schnappte seinen Arm. »Hoffentlich führt uns Gott, denn ich kann das nicht.«

»Ich weiß nicht, ob ich das bemerken darf, Majestät«, sagte Collett, »und ob es Sie erfreuen wird, aber seit ich weiß, daß Sie die höchste Frau sind, sind Sie, wenn ich mir erlauben darf, dies so vermessen auszudrücken, noch mehr in meiner Achtung gestiegen, denn Ihnen muß man Menschlichkeit noch höher anrechnen.«

»Ich danke Ihnen beiden für Ihre Ehrlichkeit. Sie können sich gar nicht vorstellen, wie sehr sie mir wohltut.«

»Fahren Sie noch nach Possenhofen, Majestät?« fragte der Herzog.

»Ja!« sagte ich, obwohl ich es vorher noch nicht gewußt hatte.

Ich sah auf Marie – und ich konnte mir nicht vorstellen, daß dieses hilflose, von der Welt und dem Wesen der Dinge geplagte Mädchen, das in der Ecke kauerte und von Shadow getröstet wurde, vor kurzem auf einer Festung stand, um mit dem Schwert in der Hand die Letzte zu sein, die gegen die Revolution um das Königreich Neapel antrat.

Als ich zu Hause eintraf, war sie die erste gewesen, die mir entgegengelaufen kam. In Possenhofen, schien mir, waren alle eine Spur älter geworden – nur ich und Marie nicht, die vier Jahre jünger war, daher immer das Kind bleiben wird, und mit der ich mehr Geheimnisse teilen konnte als mit der großen Nené, die wir alle sehr respektierten. Marie war für mich seit jeher die Jüngste gewesen, Mapperl zählte nicht, er lag zwölf Jahre zurück und lebte in einem anderen Zeitalter, in dem man immer Kirschen stehlen konnte, obwohl ja Ludwig mit seiner Schauspielerin in den verbotenen Topf der Liebenswürdigkeit gerutscht war. Bei Mathilde ergab man sich schon dem Versuch, sie »Spatz« zu nennen, doch das Letztgedachte der Schar hatte eher die Natur des Vaters geerbt, und fand immer einen Ausweg. Manchmal erschien sie mir als Kuckuck im Spatzennest, wie auch Mutter Vater heimlich nannte. So saßen wir denn alle acht um sie – neunmal in ihrem Leben hatte sich Mutter mit Vater versöhnt, das eine Kind war gestorben – und fühlten uns von Herzen wohl.

Karl Theodor wurde von Mutter »Gackel« genannt, und jedesmal, wenn ich diesen Namen aussprach, verdrehte Tante Sophie die Augen. »Was kann man in einer Familie erwarten, wo die Leute Gackel heißen.« Sie befürchtete ähnliches wie damals, als ich das erste Mal in Hoffnung gewesen war und sie mir »aus Sicherheitsgründen« den Papagei wegnehmen ließ, damit das Kind nicht mit Schwanzfedern geboren würde. Seit Gackel Medizin zu studieren begonnen hatte, nannte er sich jedoch selbst immer nur Karl Theodor.

Auch das Unglück Maries traf Tante Sophie als geographischer Verlust. Als sich Viktor Emanuel II. zum König von Italien ausrufen ließ, schluchzte sie mit mir gemeinsam auf. Für Tante Sophie war es ein Erdbeben in der Monarchie, für mich die Flucht Maries auf deren Trümmern. Sogar Max, der Venedig und die Lombardei regiert hatte, sprach ständig vom berechtigten Auflehnen der Italiener gegen die österreichischen Demütigungen. Max schaffte harte Strafen ab, Franz setzte sie wieder ein. Jede Liberalisierungsmaßnahme ist für Franz von reaktionärem Charakter, und er sandte seinem Bruder eine alte Schrift mit der Anmerkung »Erinnere Dich Deiner ersten Geschichtsstunde«, im Vorwort des »De principatibus« Niccolo Machiavellis rot unterstrichen: »Zwischen dem Leben, wie es ist und wie es sein sollte, ist ein so gewaltiger Unterschied, als seine Erhaltung bewirkt; ein Mensch, der immer nur das Gute tun wollte, muß zugrunde gehen unter so vielen, die nicht gut sind. Daher muß ein Fürst, der sich behaupten will, auch imstande sein, nicht gut zu handeln und das Gute zu tun oder zu lassen, wie es die Umstände erfordern.«

»Wir sitzen auf einem Pulverfaß«, seufzte Mutter.

»Überall in der Monarchie spricht man schon von Erlösung, wenn der Kaiser verliert, nicht nur in Ungarn hat man die Niederlage in Italien als Sieg gefeiert«, stimmte Gackel zu. »Und dem neuen Krieg an Seite der Preußen traut niemand so recht. Wen interessiert schon Schleswig und Holstein, wenn auch Dänemark einmarschiert ist, alles nur ein Vorwand. Wozu der große Aufmarsch der Österreicher und der Preußen in trauter Gemeinsamkeit, wenn alle bis auf Ludwig wissen, daß es den Kampf um die Vormachtstellung in Deutschland bedeutet. Selbst Ludwig weiß es, es interessiert ihn nur nicht. Er ist ja hier nur König, was hat er schon zu tun, seit sie ihm Wagner vertrieben haben. ›Wagner oder das Volk‹ stand auf den Flugblättern, die unlängst von Sozialisten verteilt worden waren. Irgendeines dürften sie bis zum König durchgeschmuggelt haben. ›Ich beuge mich nicht meinen Beratern, dann schon eher den Sozialisten‹, soll Ludwig gesagt haben.« »Ja, ja, die Welt ist schlecht«, seufzte Mutter erneut und wollte damit eigentlich nichts Bestimmtes ausdrücken, nur daß sie nicht wußte, was zu tun war.

»Was geht's dich an, Weib?« Vater stand plötzlich an der Tür. »Geht's dir etwa schlecht? Hast du Klagen, sag sie mir!« Er setzte sich, ohne uns weiter zu beachten, als wären wir immer da und nie weggewesen. Er war leicht betrunken, hatte in der Runde seiner »Tafelritter« beim Kartenspiel oder sonst einem Spiel, wer weiß, verloren. Und unsere Ankunft hatte ihm keine Chance auf eine Revanche gegeben.

»Grüß dich, Vater!« Ich stand auf, legte meine Wange an seine. Es war ihm peinlich, er wollte keine Freundlichkeit, die ihm die Gelegenheit nahm, vor allen von niemandem verletzter Löwe zu sein. »Ich beuge mich vor Possenhofen«, sagte ich, nahm ein Pferd und verschwand im Wald.

Wieso hatte ich nicht auf Mutters Seite gestanden? Hatte ich jemals auf Mutters Seite gestanden? Ich habe Vater immer als äußerst großzügig anerkannt, wenn er uns herben Schnittlauch vom Feld pflückte und ihn uns mitgab, für Mutter, bevor er entfloh. Und wenn er dann wieder auftauchte, nach einer Woche oder zwei, wieder mit frischgeschnittenem Schnittlauch in der Hand, konnte ich nie verstehen, weswegen Mutter ihn nicht genauso annahm wie einen Strauß Rosen. Als des öfteren mal durchdrang, daß er anderswo für einen Stammhalter gesorgt hatte, nahm ich das nicht so tragisch. Er sagte: »Die ganze Welt ist eine Familie«, und seine Hand tröstete schnell darüber hinweg. Keines von uns Kindern hatte je an Mutter gedacht, außer Gackel. Vielleicht war er deshalb ihr Lieblingssohn. Fröhlichkeit hatte immer nur Vater geheißen; empfand man es nicht manchmal als lästig, Mutters rote Augen zu sehen? Wenn Mutter jammerte, nahm Vater uns mit in den Zirkus oder er verführte uns hinaus aufs Feld. Mich nahm er besonders gerne mit, anscheinend ließ ich ihn seine Gemeinheit Mutter gegenüber am ehesten vergessen. Hatte ich es ihm so leicht gemacht? War ich etwa daran schuld, daß die Ehe meiner Eltern für Mama so brutal verlaufen war? Soll ich Vater meine frühere Fröhlichkeit hoch anrechnen oder sie ihm anlasten? Er hätte *mich* entscheiden lassen müssen.

Mama hatte ihn nicht geliebt, war mit ihm verheiratet worden, obwohl sie einen anderen geliebt hatte, und, was noch schlimmer war, obwohl sie wußte, daß er jemand anderen liebte! Trotzdem er die erste gemeinsame Nacht im Kasten verbracht hatte, war er mit der Lust nicht sparsam umgegangen. Ich dachte an meine eigene Hochzeitsnacht, als Franz sich zu sich selbst verhalf, weil ich mich dem Moment nicht erfüllen konnte. Ich hoffte, er nähme mich statt dessen in die Arme, als ich ihn das erste und das letzte Mal immer wieder lobte, er wäre so zärtlich, weil ich es mir wünschte. Mama muß Schreckliches durchgemacht haben! Marie wurde auch verheiratet, aber sie hat wenigstens niemand anderen geliebt!

Ich setzte mich neben ein Feld – und sah Schnittlauch. Ich brachte Vater ein Bündel mit – »Schön, daß du es nicht vergessen hast«, sagte er – und Mutter einen Strauß Rosen. Mutter verstand, konnte es aber nicht fassen, fragte: »Darf ich es verstehen?«, bevor sie Tränen und nicht mehr Vater ergeben war. Vater fühlte sich ausgeschlossen und ging zu seinen Zechgenossen, zu denen er herzlich sein durfte, und die zu ihm hielten. Mathilde, Marie und mich verband ein Geheimnis. Wir hätten auch unsere Schwester Sophie miteinbezogen, deren Namen, jedesmal wenn ich ihn rief, nun nicht mehr Tante Sophie auf dem Besen nachritt. Aber Sophie wirkte entrückt, war in Cousin Ludwig verliebt, übte schöne Arien, ihm zu gefallen, und unser Geheimnis war nicht der leichten Art, obgleich schon gelöst, unentrinnbar wie das Schiff der Zeit, auf dem wir fahren.

Dennoch hielt in Possenhofen der Zug an. Die Zeit stieg aus, es war der Ort, an dem sie Erholung fand, sie packte ihre Koffer aus und hängte Freude, Glück und Wohlfühlen in den Schrank, parfümierte alles mit einem Hauch von Übermut, legte sich in die Landschaft und ließ sich vom weichen Moos zudecken und von den Hügeln eigenes Wohligsein vermitteln. Sie glich dem Körper einer Frau, und überall, wo man hingriff, versank man in sich selbst, war man vertraut. Wolken schauten begehrlich herunter, bis sie es doch nicht lassen konnten und als Regen herabfielen, uns zu berühren. Und *der* Mond mußte untergehen, wenn *die* Sonne kam. Weltgeschehen.

Plötzlich begann Marie zu lachen, denn sie dachte an die fünf Dosen, die wir dem Pfarrer angehängt und mit denen er die Kirche betreten hatte. »Könnt ihr euch erinnern«, jauchzte sie und schluchzte auf, »als er sich ständig umdrehte ...«

»... auf der Suche nach demjenigen, der seine Meßruhe zu stören wagte«, grölte Gackel.

»Keiner getraute sich, ihn aus seiner Suche zu erlösen«, Ludwig umarmte mich.

»Weißt du noch, Sisi, wie wir seinen teuflischen Schwanz auf dem Rückweg fanden, im Zaun eingeklemmt?«

Aus Maries Weinen wuchs ein Baum des Lachens, den wir alle schüttelten, um daran teilzuhaben, und als Vater eintrat, stand er ihm in seiner riesigen, erwachsenen Pracht ganz gegenüber, ein Baum der blühte und lachte. Doch Mutter und Vater waren längst weggeschwemmt in die Ecke der relativen Bedeutungslosigkeit unserer Kindheit, von der aus sie unsere Kindheit so bedeutend hatten werden lassen. Wir Kinder demonstrierten Stärke, auch wenn sie angesichts Mutters Leid oft Schwäche war, damals war es Überlebensinstinkt, heute Feigheit.

»Weibergeschichten!« rief Vater aus, als er uns Schwestern wieder einmal beisammensitzen sah. »Was tuschelt Ihr da herum, euer Geheimnis ist längst nicht mehr Euer Geheimnis, es ist schon sichtbar!«

Marie und ich begannen zu weinen, aus Scham, mit der er ihr die Würde heruntergerissen hatte wie ein Kleid.

»Na und?«

Na und – Marie litt mit der Intensität eines Tieres, und Vater tat es mit einem »Na und« ab.

Sie schickten mich wieder in die Gruft, und mein eigener Vater würde mein Totengräber sein. Marie sollte sich noch bedanken, denn sie bekam ein Kind der Liebe von einem anderen Mann, das ihr weggenommen werden wird, ohne jede Behelligung. Was konnte meine kleine schöne Schwester Marie dafür, daß man sie mit einem Grenzdebilen verheiratet hatte, um die Monarchie zu festigen, und daß die Liebe zu einem Mann ihr Leben war, das sie beherrschte. Doch somit beherrschten die anderen sie, denn sie war bereit, jeden Preis zu bezahlen, selbst das Kind schenkte sie der Geschichte, sich hatte sie längst aufgegeben, war nur noch Mittel, ihre königliche Aufgabe zu erfüllen. Sie wurde von Vater wieder zurückgejagt zu ihrem fernen König von Neapel, der nichts war als ein Lakai ihrer Tapferkeit, mit der sie um das Land kämpfte, aus dem eigentlich er vertrieben werden sollte. Marie machte sich zur Feindin der Aufständischen, denen dadurch ihr Kampf Respekt abverlangte. Die einzige, die ihr Gesellschaft leistete, war Mathilde, denn Beistand hatte sie keinen. Unsere Schwester aber öffnete den Weg für die Liebe – für Marie und für sie selbst. Mathildes Glück hatte man gegen die Heirat mit dem Grafen Trani, dem ältesten Bruder des Königs von Neapel, eingetauscht, dessen Schwächlichkeit ihr Freiheit ließ.

Marie hatte ihren einsamen Kampf um Neapel verloren, allerdings einen besseren Eindruck als Franz hinterlassend: Die Geschichtsbücher zogen vor der Heldin von Gaeta schon jetzt den Hut, während Franz, der einst als Offizier hinter Radetzky hergeritten war, die Revolutionäre zu schlagen, den Italienern nie anders als selbst der Revolutionär erscheinen wird, und ihr Kampf gegen die österreichische Unterdrückung stets edel. Ein anonym eingeschleuster General Napoleons III. zog persönlich die Fäden zu Intrige und Aufwiegelung, auf die Franz vollständig hereinfiel, bis ihn die Falle der Franzosen erwartete, die zuvor mit den Italienern ein Bündnis geschlossen hatten. Ich wollte zu Franz halten, obwohl ich die Italiener verstand, aber auch Franz unter dem Einfluß Tante Sophies, die glaubt, die Welt gehöre ihr, und jeder, der ihr Erbe an Franz bedrohte, getötet. Man hatte sein Leben verwirkt, wenn man Freiheit wollte, dazu war man nicht geboren, sondern zu gehorchen – ihr und dem armen Franz, der ihre Bestimmung einhalten sollte und wie ein Märtyrer mit dem Kreuz durch die Lande ritt, bereit, sich für ihr Denken im Namen der Gehorsamkeit als Anführer seiner Truppen hinmetzeln zu lassen, und nun hatte sie einen solchen Revolutionär wie mich noch im eigenen Nest.

Als Franz den Krieg verloren hatte, bedauerte ich ihn, selbst als ihm die Lombardei mehr fehlte als ich. Doch was Ungarn betraf, hatte er das Ende meines Verständnisses erreicht, denn, bei Gott, ich wußte, was Unterdrückung war, und ich identifizierte mich mit dieser menschlichen Regung in ihrer Glut. Feuer der Herzen verbrannte die Erde aus Trotz, daß Franz die

Ernte nicht bekommen sollte; Ungarn verfiel. Das Land weigerte sich, zu essen, wie ich tagelang nur von Milch der mitgeführten Ziege lebte. Es stärkte, zu hungern. Abwehrkräfte wurden wach, erhalten, gepflegt und geliebt in ihrem Widerstand. Ich bin noch nicht schwach genug, ich gebe nicht auf.

Die Begrüßung der Wiener war herzlich, ich legte das vorgeschriebene Blatt zur Seite und dankte aus meiner Berührung, eher meiner Erleichterung, denn ich hatte Angst gehabt, aus der ich bloß vorübergehend erlöst war.

Rudolf hatte Tante Sophie in ihre Soldatenriege eingegliedert; er wußte nicht mehr, was er tat, tat es nur noch gegen sich selbst. Von Weinkrämpfen geschüttelt, die uneruierbar waren wie die meinen, durch Franz in die Wüste der Feigheit geschickt, harrte er täglich seiner Abhärtung und erschrak beinahe über ein zärtliches Wort, das er verboten wußte. Er sog die Zutraulichkeit der Kindermädchen auf, weinte ganze Schürzen voll, in denen er sich verbarg. Doch dann nicht mehr, Rudolf hatte aufgehört zu weinen, und ich hatte aufgehört zu denken, als plötzlich ein Schuß, gefolgt von einem nahen Geschrei, meine Selbstvergessenheit in den unendlichen Betrachtungsmöglichkeiten meines Haares weckte. Ich war nicht eitel, ich hatte es ja nicht gemacht, aber auch nicht falsch genug, es nicht zu bewundern, weil es das meine war. Dem Gebrüll nachzukommen, war nicht schwer, ich fand Rudolf im Schnee versunken, als hätte er aufgegeben und sein Ziel nicht erreicht, das ihn einzig anhielt, die Strapazen zu ertragen.

»Komm aus dem Schnee Rudolf!«

»Ich muß hier stehen, Mama, sonst werde ich kein Soldat und meines Vaters nicht würdig, und ich kann mein Vaterland nicht verteidigen und ich bekomme keinen Pudding!«

Ich hob ihn hoch, trug ihn aus dem Schneefeld, wischte ihn ab, riß ihm mit Fanny vor dem entsetzt entmachteten Kindermädchen die Kleidung herunter, wickelte ihm meine Daunendecke um, befahl, ihn in mein Bett zu legen, trug ihm auf, sich nicht von dort wegzubewegen, denn anderes verstand er nicht mehr, er glaubte keine Liebe mehr. Dem Kindermädchen befahl ich, Pudding zu bringen, zehn Schüsseln voll, befahl mir, zu Franz zu gehen und zu Tante Sophie, in den Rachen des Abgrunds, der uns bedrohte, ich wollte sie dort besuchen, und mir würde nichts geschehen, denn ich hatte Wut, die selbst das Eis der Hölle schmelzen ließ.

Ich gab mich mir zurück, als ich Tante Sophie mit der alles schlagenden Stärke der Berechtigung vernichtete, auf ihre Worte reduzierte, die an meinem Zorn des Schweigens zerschellten. »Ihr werdet mir meinen Sohn nicht umbringen«, sagte ich in der Ruhe des Ausbruchs, bereit, mich auf sie zu stürzen und sie zu zerfleischen. »Nehmt einer verwundeten Löwin nicht ihr Kind!« warnte ich so leise, daß es Tante Sophie ob der Autoritätslosigkeit wehtat, der sie sich beugen mußte. Sie wollte schreien, mich wegbrüllen aus diesem Schloß, mich verbannen.

Rudolf sollte nach ihrer Pfeife tanzen, doch er war zu schwach dazu, und sie hatte es erkannt, auch daß ich es erkannt hatte. Sie wollte nicht für seine Kränklichkeit zur Verantwortung gezogen werden, sondern für ihren guten Willen. Ich war nicht gekommen, um zu richten, ich war gekommen, um mir meinen Sohn wiederzuholen, da galten keine Rechte. Liebe braucht kein Recht, Liebe *ist* Recht. Wenn irgendetwas jemals Berechtigung hatte zu sein, so ist es die Liebe, und diese Liebe ließ *mich* brüllen. Ich schrie ihr all meine Unterdrückungen ins Gesicht, und als ich fertig war, wußte ich, sie hielt mich für verrückt.

Ich verließ dieses Zimmer, den Sammelplatz der Gleichgültigkeit, begab mich in mein Gemach, setzte mich an den Toilettentisch und schrieb im Namen meines Sohnes das Ultimatum, das in diesen Augenblicken das Land regierte. Franz mußte sich fügen, das Ansehen, das ich ihm brachte, war stärker als das seiner Mutter. Er beugte sich der Macht. Wie ihn das seine Mutter gelehrt hatte, er beugte sich mir.

Rudolfs Erziehung war nun mir überlassen, auch Giselas Erziehung, meine Freiheit in persönlichen Belangen mit meinem Gewicht erkauft. Ich war eine Erpresserin, und ich nutzte den Zorn Gottes.

Meine Kinder waren frei – nicht in dem Sinn, wie ich mir das wünschte, dessen war ich mir wohl bewußt, doch frei, einmal zu wählen. Denn sie werden beides kennengelernt haben, die zu absolutistischem Zweck eingesetzte Ertüchtigung des Körpers, und die Erziehung durch den Geist, für die ich sorgen werde. Ich hätte nie die Möglichkeit, den von früh bis spät, Tag für Tag, Stunde für Stunde geregelten Hofzeremoniellen zu entgehen, aber Rudolf bekam die Schürze seines Kindermädchens wieder, an die er sich lehnen konnte, die weibliche Stärke gab, anstatt die Metallknöpfe Gondrecourts Uniform ins Gesicht gepreßt. Er bekam die besten Lehrer, die der Fortschritt hervorbrachte, die seinen Geist anregten, mitzuhalten, eventuell voranzuschreiten, statt sich im Zeitalter der Angst vor dem Irrsinn verstecken zu müssen, der ihn bedrohte und den er bereit war, zu übernehmen, um nicht mehr anders zu sein. Der Erzieher Gondrecourt, der Rudolf gesagt hatte, selbst sein Hund würde Schüsse in der Nacht aushalten, mußte gehen – und bevor er die Treppe erreichte, um in der weißen Uniform, der Farbe, derer er bedurfte, in dem Schwarz zu verschwinden, das seiner bedurfte, nahm ich ihm den Hund ab. »Ihn brauchen Sie nicht mehr, vor allem braucht er Sie nicht mehr.«

Der Hund hieß Horseguard, war ein Schäfer, und er und Shadow schliefen fortan immer in meiner Nähe. Tante Sophie log mit dem, was sie verschwieg, und ich hatte brennende Freude daran. Ich fühlte mich sicher in dieser Nacht.

Die beiden Briefe an Marie und Nené, die ich tags zuvor geschrieben hatte, lagen noch auf meinem Schreibtisch.

»Liebe Marie, danke für Deinen Klosterbericht, den ich mit Ähnlichem erwidern kann. Ich lebe nur von dem Glauben der Menschen an die Macht der Kaiserin. Wüßte man, wie oft ich schon dem Wunsch nach der Natürlichkeit eines Menschen erlegen bin, der dann doch wieder die Kaiserin vorangestellt hat. Ausschließlich in diesem Wissen kann ich frei sein, eine gefangene Leidenschaft läßt mich manchmal aufleben. Das Ergeben ist keine Tugend, die mir vergönnt ist. Die Kaiserin schützt mich, die Kaiserin stößt mich von sich –

die Kaiserin, die Kaiserin, immer wieder die Kaiserin. Das wohlige Recht des Fallenlassens in Vertrauen mag anderen obliegen – ich spüre das Gefühl, das den Krieger einzunehmen vermag, wenn er in liebende Arme sinkt, wenn meine Hände im Hundefell Shadows die Liebe ergreifen, das totale Hingebenkönnen der Gefühle an irgend jemanden, an irgend etwas. Shadow wird es verstehen, erfühlt mein Brauchen und teilt es, vergönnt mir meine Liebe zu den Sternen, über die Tante Sophie Vorhänge zieht. Depression, habe ich das? Jetzt ist vielleicht das eingetreten, über dessen Existenz Dr. Seeburger in seiner Hilflosigkeit nach der Geburt Rudolfs so dankbar war. Der Name half mir nicht weiter, genauso wie es dem Vogel nicht hilft, dem sie zuvor einen wissenschaftlichen Namen gegeben haben, um ihn nachher im Kollektiv abzuknallen. Ich mag nicht, wenn Franz alles, was piepst, erschießt, um seine Sammlung vollkommen zu machen – das ist nicht vollkommen. Ob ein Vogel noch einmal singen würde, bevor er erschossen wird, wüßte er es und ließe man ihm die Zeit? Ob er es für sich täte oder für andere? Ob wir, Franz und ich, uns noch einmal liebten vor dem Ende, das erste Mal? Hätte das Boot des Zufalls mich an einen passenderen Ort getrieben? Hat er sich mir in diesem Fremden in Venedig gezeigt, den ich nie gesehen, der mich mehr verstand als Franz? Ich war so aufgewühlt gewesen, daß ich den Abschied vergessen hatte, ich vergraulte die Hoffnung, die mir die Hand gab.

Dennoch, meine Verbindung zu Franz wird bestehen, weil sie das lange Warten gelernt hatte, nicht das kurze Glück. Es hat eine Zeit gegeben, da dachte ich, er wäre mein Leben, aber vielleicht ist mir mein Leben nicht mehr soviel wert. Er hatte auf meine Sehnsüchte nicht reagiert, weil er sie nicht brauchen konnte. Die Tiere sind das einzige, wohin sich die Liebe immer flüchten kann. Gestern, als ich von den Kindern weggegangen bin, weil Tante Sophie da war, ist mir Unendliches übriggeblieben, und ich habe so viel Liebe für einen Mann, daß es unweigerlich meinen Tod bedeutete, könnte ich ihm nicht alles geben. Man muß mich lieben lassen. Franz und seine Mutter aber hielten mich wie einen Tiger im Käfig, ließen mich meine Natur nicht leben, die ich meiner Liebe zu Franz wegen verleugnet hätte und unterdrückt, es hätte sie nie gegeben. Ich hätte ihm beizeiten dadurch aufkommendes Leid durch Dauerhaftigkeit ausgeglichen, aber sie ließen mich auch nicht lieben. Ich akzeptiere anderes Wesen, aber warum müssen die meisten Männer dann einer Frau Liebe schwören? Eine Seele, für die Liebe bestimmt, kannst du durch nichts anderes glücklich machen.

Der Schock ließ mich nicht die Frage stellen, die in ihrer Einfachheit eine Antwort erforderte: »Liebst du mich, oder liebst du auch eine andere?« Allein die Tatsache, daß er mich und sich im Ungewissen ließ, genügte mir für ein ganzes Leben, um mit einer nicht vorhandenen Zukunft die Vergangenheit zu löschen. Jedes Feuer erstickt sich selbst im Nachdenken, die Erinnerung fraß sich selbst auf, das Häßliche blieb, das wenige Schöne war nur noch auf Unbekanntes gerichtete Sehnsucht und tat zusammenfassend weh, auch die Gleichgültigkeit, denn ich mußte auf die mir selbst gestellte Frage, ob ich es ungeschehen machte, könnte ich, mit einem erleichternden Ja antworten.

Jeder folgt eigenen Gesetzen, diese gilt es nur herauszufinden, bevor es jemand anderer tut. Erinnerst Du Dich, als ich Dir meine Gedichte vorgelesen hatte, und Du sagtest, ›da sieht man wenigstens, daß es keine Wahrheit, sondern ein Einfall von dir war‹? Marie, die Wahrheit steckt überall. Sie kommt nur zu verschiedenen Zeiten vorbei.

Marie, Du kannst manchmal so lieb sein, daß Du die Welt miteinschließt. Dann glaube ich, daß alles gut sein wird, passend für unser Leben. In den Momenten des Aufatmens dachte ich so, es war unser Leben – jemand anderer hätte vielleicht etwas anderes daraus gemacht, aber es war alles Bestimmung und doch von uns beeinflußbar.

In Liebe
Sisi«

»Liebste Nené

Ihr fehlt mir alle so! Kannst Du mich nicht wieder besuchen kommen? Mama ist nun auch abgereist, sie kam, als Karl Theodor, von dem ich hierherbegleitet wurde, mich verließ. Ich fühle mich in meinen Gemächern immer als Gast. Weißt Du, warum mich England fasziniert, wo Reitkünste selbst meine Angst um den Fuchs umgarnen? Es geht mir nicht um den Fuchs, der Fuchs tut mir leid, ich wünschte, er möge nie erwischt werden. Die Flucht ist es, die mich reizt, unser aller und meine eigene versteckt darin, man muß den Fuchs vorschieben.

Die Geschwindigkeit, dieser Irrsinn, der so normal

erscheint und sogar Triumphe auslöst. Mögen die guten Irren gewinnen auf dieser Welt, denn sie sind weitaus normaler.

Ist es normal, Kinder in winzige Soldatenkleider zu wickeln, ihr Kindsein zu verpacken, ihre Seele zuzuschnüren? Ich kann es nicht mehr aushalten, was sie mit den Kleinen machen, mit Rudolf, mit Gisela, und noch weniger kann ich es ertragen zu sehen, wie sie kapitulieren. Rudolf fragt mich zu meinem Schrecken, ob er sich dreinfügen soll – und Gisela schenkt sich gleich der Schönheit der kleinen Kleidchen und Tante Sophies Bonbons, ihr Leben überzogen vom Lob ihrer Großmutter als süße Bestätigung der Richtigkeit des Ergebens ins Nicht-Sein. Rudolfs Frage reißt meine Seele entzwei, bezweifelt meine eigene Nichtkapitulation – soll ich ihm Schläge raten? Oder, noch schlimmer, Verbannung, ewige Flucht, in die ich mich selbst geschlagen habe, um nicht verrückt zu werden? Habe ich das Recht zu fliehen oder die Pflicht? Ich habe mich entschieden: Ich kann mich den Kindern nicht antun, wie ich nicht bin, wie sie mich gemacht haben, wie sie mich wieder machen werden. Ich fliehe, fliehe vor mir selbst in mich, ich fahre nach England. Ich hasse die Jagd, aber ich will diese Bedingungen schaffen. Ich weiß, ich reite gut, ich *bin* das Reiten, das Denken des Pferdes, sein Ausbrechen, teile seinen Wunsch, den ich zu zügeln vermag, aber nicht mehr will. Ich werde nach England fahren, was immer Franz dazu sagt. Meine Kinder sollen meiner enthoben werden, einer durch Unterdrückung schiefgebeugten Mutter, die zu treffen sie mitten in den Kummer führt. Diese Aufgabe überlasse ich Tante Sophie, überlasse die Kinder einer Süße, von der ich weiß, daß sie falsch ist und hart. Doch vielleicht zerbrechen sie nicht daran, und wenn sie es überlebt haben, haben sie ihr eigenes Leben. Dann sollen sie genießen, und dann sollen sie urteilen. Doch ich will fort, fort von der Verantwortung, falsch handeln zu müssen, um richtig zu leben, am meisten liebend zu sein. Gibt es ein schlimmeres Schicksal, als seinen Kindern durch Entzug gerecht zu werden?

Ich habe mich Tante Sophie schon oft verkauft, mir über die Freude ihres Lobes so manche Ehre abringen lassen – ich mache es nie wieder.

Ich habe kein Recht, mich in das Wohlergehen meiner Kinder einzumischen, aber ich habe die Pflicht, mich ihm nicht zu ergeben.

Franz und ich sind Opfer eines Gestricks, dem noch kein Kaiser entronnen ist, der nicht abgedankt hat. Nur Franz akzeptiert es, lebt dafür, und ich bin das Sandkorn in dem Getriebe, an das er sich anfangs geklammert hat, bis ich das seine wurde. Meine Fröhlichkeit brachte ihm die Ungezwungenheit, an deren Stärke er scheiterte. Ich auch – aber er ergab sich, ich nicht. Niemals ergebe ich mich – nur dem Tod; und dessen bin ich mir sehr wohl bewußt, Franz nicht. Ich werde niemals aufgeben, auch wenn es mich schon aufgegeben hat; werde dem Schicksal das Gewicht meines Charakters aufbürden, und es wird eine Weile an mir zu tragen haben. Mehr als diesen Respekt vor dem Sandkorn will ich nicht, niemals den vor der Kaiserin, die mich in die Verachtung treibt und in das Beschütztsein vor allem. Abgeschlossenes Leben – vorbestimmt bis in den Tod, der dir die Gnade gewährt, es nicht zu wissen, was ich nun wissen *muß*. Ich weiß, wie sich meine Gefühle verbeugen müssen, morgen und immer.

Ich durchforste jeden Gedanken im voraus, jedes Empfinden, weiß, was mir erlaubt sein wird, was ich mir nicht erlaube – in Wirklichkeit bin ich viel unerbittlicher als Tante Sophie – ertaste meine mir bekannte Grenze, Vergangenheit und Zukunft, in mir trifft sich die Zeit.

Gott, hilf mir, denn ich fühle mich manchmal wohl, wenn ich Tante Sophie und Franz gerecht werde!

Als Dr. Fischer letzte Woche mit Mama mein Zimmer betrat, rief er besorgt-vorwurfsvoll ›Eure Majestät!‹ und als sie sich zurückzog, sagte er ›Sisi, Kind …‹ Ich weinte nicht wegen mir, ich weinte seines Mitleids wegen, und weil ich nicht mehr wußte, was ich damit anfangen sollte. Zuviel hatte ich mit mir selbst zu tun, mein eigenes Gutes zu unterdrücken, um adäquat zu sein. Ich konnte meinen Schmerz nicht mehr zurückhalten, dachte an die Zukunft, an die Todestage im Schloß, die mir wieder abverlangen würden, in mir still zu sein, mich soweit auszulöschen, daß ich ihnen genehm sei. Ich bat Dr. Fischer mit allem, was mir blieb, woraus ich bestand und was mir die Angst zurückgelassen hatte: ›Ich muß wieder wegfahren. Bitte!‹ Ich sah in die Welt hinaus, die sich mir in diesen Mauern begrenzte, ich kann mich nicht mehr an seinen Blick erinnern, aber er sagte: ›Mein Gott, Sisi, was hat man mit dir gemacht? Was hat man dir angetan?‹

›Nichts‹, flüsterte ich, und zog mir die Decke noch

weiter ins Gesicht, ›sie sind alle nett, nur halte ich sie und das alles hier nicht mehr aus!‹

›Gib mir deine Hand‹, beruhigte Dr. Fischer uns beide. ›Jetzt bist du bei mir, bei dir selbst, ich beschütze dich, und ich möchte, daß du mir wirklich sagst, was in dir ist – alles.‹

Ich erzählte Dr. Fischer nicht viel, ich zeigte es ihm durch meine Blicke, meine Gesten, die er besser verstand; er erkannte, daß man das Weinen nicht mehr trösten sollte.

›Du fährst weg, weit weg, und danach besuchst du mich in Possenhofen. Es wird alles wieder gut, weil es gut ist. Nur die Umstände sind schlecht, aber du bist dieselbe, du bist ganz richtig, wie du bist, glaube mir, Sisi, dein Körper und deine Seele spüren das, sie kämpfen um dich. Gib' nicht auf! Du bist wie immer, das Rad der Geschichte hat dich nur ein Stück mitgeschleift, und dagegen kommt keiner an – außer du. Du mußt dein Wesen behalten, es leben, versprich' mir das!‹

Ich hörte nur noch zu, auch wenn es nicht den Anschein hatte. Ich mußte gleichgültig gewirkt haben, doch ich lebte von jedem Wort wie eine Blume von Wasser, das man auf sie goß.

Dr. Fischer fuhr fort: ›Irgendwann, vor dem Schöpfer, wirst du wie jeder Mensch dich verantworten müssen, nicht die Hofmanieren, denen du dich anpassen solltest. Alle Menschen, die dich lieben, werden auf dich warten, und sie möchten eine Sisi sehen, die sie kennen und lieben, kein vom Leben verzerrtes Wesen. Aber im Augenblick hast du noch Zeit, du mußt dich in dieser Welt zurechtfinden und sie genießen, Sisi, wie du einst das Anschauen der Blumen in Possenhofen genossen hast, die Landschaft geliebt, aus der Atmosphäre des Ruhigen, des Natürlichen Kraft geholt und ihm gegeben. Du kannst soviel geben, Sisi, warum gibst du nicht ein kleines Stückchen davon dir selbst?‹

Mehr weiß ich nicht, ich kann mich einfach nicht mehr daran erinnern, war zu erschöpft von seinem Gutsein, zu wohlig zum Einschlafen gebracht durch seine Wärme, die mir die Möglichkeit zum Glücklichsein den Schmerz aufbrechen ließ. Ich weiß nur noch, daß Mama an meinem Bett stand, Dr. Fischer war weg und doch mehr zugegen als jeder andere, und ich hörte, seine Stimme zuletzt wahrscheinlich zu Tante Sophie sagen: ›Ihre Majestät wird wegfahren. Sie muß aus Gesundheitsgründen verreisen. Das erfordert nicht zuletzt die Staatsräson.‹ Jedenfalls hörte ich eine nicht identifizierbare Stimme: ›Was Staatsräson ist, lieber Herr Doktor, überlassen Sie besser mir selbst.‹ Und darauf mußte Dr. Fischer geantwortet haben: ›Ich habe gemeint, sie rechtfertigt nicht, ein einziges Menschenleben aufs Spiel zu setzen.‹

Seitdem konnte Tante Sophie Dr. Fischer nicht mehr leiden, und sie bestand jedesmal, wenn er etwas konstatierte, auf einem zweiten Gutachten eines anderen Arztes.

Nené, jetzt fällt mir ein, was Dr. Fischer noch gesagt hat: Ich fragte ihn, inwieweit Wahnsinn erblich sei. Er lächelte. ›Es ist ein Zeichen, nicht dagegen anfällig zu sein, wenn man es sogar unter diesen Umständen nicht geworden ist.‹ Er meinte, ich verdränge nicht mein Leid, sondern mein Ich, da ich zu wenig egoistisch wäre, mich dagegen durchzusetzen, daß ich es aber mir und ihm und dem Leben und allen, die mich lieben, schuldig sei, mich zu leben und nicht unterkriegen zu lassen. Ich lebte zwar nicht verschiedene Persönlichkeiten, aber ich wechselte oft in Gedanken für Minuten in andere Schicksale. Ich hatte es oft unendlich genossen, von Dr. Fischer in den Ursprung meines Inneren rückgeführt zu werden. Er hatte mich gehalten, nicht mein Äußeres. Lebte ich wirklich andere Schicksale, wenn ich gutes Geschehen in meinem Leben erfuhr, das in der Gegenwart nicht da war? Es war ja einmal von mir selbst gelebt, ich holte es nur bewußt hervor, lebte *jetzt* von ihm.

Ich brauchte meine Kindheit mehr als andere, schien mir, sie war mein Reservoir, mein Reservetopf an Honig, sie war dort, wo mein Ich verborgen war, wo ich mich jederzeit verstecken konnte – auch vor mir selbst, vor dem nun zugelassenen Schmerz, dem ich nicht in den Tod entfloh. Dr. Fischer war die Ergänzung der Freiheit, die ich brauchte, jener Halt, der da sein muß – selten, jedoch immer. Er muß in der Welt sein wie der Baum, auf den wir schauen. Alles hat seine Berechtigung – auch ich? Hat Dr. Fischer das gemeint? Ich glaube es annehmen zu dürfen. Danke, Dr. Fischer. Ich dachte an meinen Baum in Possenhofen. Danke, Baum, diesmal gibt es dich durch Dr. Fischer und Dr. Fischer durch dich – Gott hat sich selbst dargestellt, seine Grausamkeit schön werden lassen. Ist er fähig, dem Grauen wie der Schönheit zuschauen zu können? Vielleicht ist er wie wir – und sehr abhängig, genießt er dieselben Momente der Freude wie Löcher in der Wolkendecke, die die Sonne durchlassen? Eigentlich ist die Welt schön – wunderschön sogar.

In meinem Herzen war ich jetzt eine Kaiserin – zum ersten Mal und zum ersten Mal gerne.

›Die Träume, Sisi‹, sagte Dr. Fischer, ›sind das Leben der Seele, der Beweis der Ewigkeit jenseits des Körpers. Lebe sie!‹ Nené, leben wir sie beide!

Deine
Sisi«

Ich durfte die Kinder nicht zu weit entfernen von ihrer Aufgabe, man kann dem Schicksal nicht entkommen. Ich hatte sie befreit – nun mußte ich mich befreien.

Die Gedichte schreibe ich alle an dich, Traum, du wirst dich mir zeigen, oder vielleicht schreibst auch du sie mir …

Die ersten Verwundeten brachte man von Schleswig und Holstein aus dem Krieg mit Dänemark nach Wien zurück. Ich wollte bei ihnen sein, fuhr ins Lazarett.

Ein ungarischer Soldat mit Kopfverband nahm einem ebenso schwer verletzten Major neben ihm die Zigaretten weg.

»Erinnere dich«, schenkte dieser seine letzte Kraft der Empörung, »daß du mich letzte Woche noch um Zigaretten angefleht hast.«

»Erinnere du dich, daß du mir keine gegeben hast. Hier sind wir alle gleich; aber wie sollte sich jemand um mich scheren, der sich um sich selbst nicht kümmert. Dich hat der Tag vergessen, das Grab verschmäht.«

»Wir sitzen hier alle auf der Warteliste des Todes«, sagte ein dritter, »jeder Tag, an dem du nicht das tust, was du morgen tun willst, ist eine Strafe, denn morgen könnte er die Arme öffnen.«

Der Soldat mit dem Kopfverband wandte sich an mich: »Wie sehen Sie das, Schwester?«

»Man stirbt, bevor man auf die Welt gekommen ist, aber töten kann man mich hier nur durch mein Herz«, erwiderte ich auf Ungarisch.

»Ah, eine Landsmännin! Du sprichst so leise, mein Kind, komm ein bißchen näher, woher bist du?«

Ich widersprach nicht, denn ich hatte in Ungarn einmal mein Zuhause gefunden.

»Warum ist es denn hier auf einmal so still geworden?«

Alle hatten mich erkannt, nur der Mann mit dem Kopfverband sprach unbefangen weiter.

Ein Aufglühen ging durch den Saal, das die Schmerzen der Wunden an sich riß, auch mich.

In diesem Augenblick – das Kleid zerrissen, erhitzt, das Haar gelöst – Gyula! Er stand in meinem Leben.

»Majestät!« Seine Verbeugung, die nur deshalb nicht unendlich dauerte, weil er mir so schnell wie möglich wieder in die Augen schauen wollte, ließ meiner Verwirrung Platz, sich auszubreiten. Gyulas Gefolge und meine Hofdamen standen einander gegenüber wie

Feinde im Waffenstillstand, wir machten einen Schritt aufeinander zu, das Niemandsland gehörte nur noch uns.

»Majestät, Sie beschämen die Sonne!« Gyulas Worte formten mich, meine Antwort suchte Berührung, und mein Tastsinn war nichts als die Liebe.

*Ich schenke dir ein Land, und du schenkst mir ein Lächeln – dennoch habe ich bei diesem Wechsel gewonnen«, dachte ich, als der Kardinalprimas, Führer der ungarischen Abgesandten, mir offiziell auf dem Empfang die bedingungslose Liebe und Loyalität herzlich nahebrachte, während mein Verlangen nach Gyulas Blick mir zeigte, daß er der Maßstab meiner Freude war.

»Ich werde jahrelang für dich kämpfen, mit der Energie meiner unterdrückten Liebe zu dir, um deinen größten Wunsch, der auch der meine sein soll, mehr als meine Wünsche es je wagen, mich zu beherrschen: dein Land. Ich werde um dieses Landes willen und für dich zur Löwin werden, und keiner wird mich aufhalten, bis ich die Beute eingeholt habe und in einem Anflug von Glück in dir versenkt, der meine Bestimmung sein soll.«

Der Kardinalprimas hatte seine Ansprache beendet, Gyula wandte seinen Blick von mir, da er wußte, ich könne sonst nicht frei sprechen. Ich antwortete in Ungarisch, und endete: »Ich hoffe, daß mein Herz, das für Ihr schönes Land schlägt wie für mich selbst, immer in Ungarn Aufnahme finden wird.«

Der Marmorsaal der Hofburg hallte wider von dem temperamentvollen »Eljen« der gesamten Delegation, Tante Sophie zuckte zusammen, Fürstin Metternichs Fächer erhöhte die Geschwindigkeit, als wollte sie etwas von der Begeisterung schneller wieder hinausfächeln. Noch zweimal erklang das »Eljen«, das die altehrwürdige Hofburg daran erinnerte, was sie versäumt hatte.

Man hatte mich nach Ungarn eingeladen, mir nachträglich zu meinem Geburtstag gratuliert, und abends fand mir zu Ehren ein Fest statt, zu dem die ungarischen Abgesandten den indirekten Anlaß gaben. Der Hofmarschall, auf den mein Blick zuletzt in der engen Gasse beim Erwerb einer gestohlenen Stunde gefallen war, irrte sich in der Richtung und eilte mir und meinen acht ungarischen Hofdamen entgegen, was mir sehr gelegen kam, denn zwischen den Entschuldigungen, die er an mein Gefolge abgab, entschlüpfte ich, Vergnügen hinter dem Fächer und ehrliche Erleichterung, die Freude eines fünfzig Meter langen Ganges spüren zu dürfen. Grünne, Hüter der Fettnäpfchen, im Blick das freudige Blitzen des Nichterkennens, sagte: »Na, meine Schöne, sind wir allein?«

Ich nahm den Fächer weg. »Wir nicht, aber Sie sind das zweifellos, Grünne!«

Ich möchte mit niemandem tauschen, was die Anforderungen an Schönheit betrifft, aber mit vielen, denen das Bestreben, anders nicht leben zu wollen, erspart geblieben ist. Die sicher genug sind oder geliebt genug, sich selbst zu genügen.

»Majestät, Sie sind wie immer die Schönste, aber ich für mich habe Sie nie schöner gesehen als heute vormittag«, sagte Gyula, »und das ist auch das Bild, das mir immer bleiben wird, in dem jede andere Erinnerung endet. Majestät sind die Liebe.«

»Graf Andrássy, weshalb ziehen Männer in den Krieg? Können Sie mir das beantworten?«

»Die Bescheidenheit, eine heilige Handlung im Kaffeekesselschwenken und Unkrautjäten zu finden, fehlt uns, weil wir dabei nur an uns denken, nicht von der Berechtigung der Dinge ausgehen; es zählt, was uns nützt. Die Erde ist langweilig, der Alltag tötet dich – in Wirklichkeit tötest du ihn. Du mußt in den Krieg, um dein Leben springen, bis dir eben jener Krieg das Kostbare des Alltags hervorhebt. Im Spital gibt es keinen größeren Zauber, als sich das tägliche Kaffeekesselschwenken vorzustellen, und die Lippen, die man küßt, immer um sich zu haben. Der Krieg bringt das Abenteuer zurück, desillusioniert uns, rückt uns an den richtigen Platz. Obst, das lange liegenbleibt, verdirbt. Man wird dick und faul, wenn man die Welt nicht herausfordert, sie nur noch genießt. Katastrophen locken die Menschen aus ihren Häusern der Bequemlichkeit, die Menschen wollen schöpfen wie die Natur, die mit Meereswellen und Wanderdünen alles wieder zudeckt. Das Unfaßbare des Krieges ist es ja gerade, was uns reizt. Wir verkaufen uns an den Krieg und bezahlen mit uns. Wir brauchen die Hölle, um darin zu lachen, auszubrechen in das große Erlebnis der Gemeinsamkeit – die Lust des Zusammengehörens erleben die Menschen nur im Zerfall, die Lust am Leben nur im Tod und im Wissen darum.

Das ist dir am Anfang nicht bewußt. Am Anfang steht noch die Einheit, und Freude dran, alles, selbst den Tod besiegen zu können, bis die Phalanx in dessen Hand zerrinnt. Die Knochenhand hält dich auf, und der Verstand schreckt schließlich vor ihr zurück. Der Verstand vernichtet das Gefühl nicht, er verbrüdert sich mit der Angst und besiegt es. Die Suche nach den großen Gefühlen Freiheit, Zusammengehörigkeit, Gemeinsamkeit treibt den Mann in den Krieg, bis er sieht, daß er ihnen erliegt. Sie haben ihn getötet, denn sie haben ihn als den Falschen erkannt. Die Freude läßt nicht unter ihrer Fahne töten, sie entzieht sich ... Das Leben läßt nicht in seinem Namen erneuern, es schickt den Tod. Die Natur bestimmt sich selbst, die Ewigkeit ist nie von Menschen geprägt worden, nur die Geschichte, zu der sie ihre Taten und Untaten ernannt haben. Dem Menschen erscheint das Trugbild, sich selbst zu bestimmen; das kann er innerhalb seiner Grenzen des eigenen Glücklichseins oder Unglücklichseins, aber über das Glück oder Unglück bestimmt Gott oder das Schicksal oder die Liebe, die großen Gefühle, die die Menschen im Krieg zu erreichen versuchen. Man bezwingt sich selbst und sieht es ein. Das ist die höchste Erkenntnis, die der Krieg gewährt.«

»Wenn du vollkommen bist, stirbst du – was hättest du sonst noch zu geben? Wenn du alles weißt, stirbst du – was hättest du sonst noch zu lernen?«

Plötzlich forderte Gyula, vom Teufel geritten, Tante Sophie, die uns gefolgt war, zum Tanz auf. Alle Blicke waren auf sie gerichtet. Tante Sophie nahm die Herausforderung an. Gyula suchte bei ihr so etwas wie Eitelkeit, tastete sich von den Rüschen, die in ihrer Jugend dem Kleid freizügigen Schwung gegeben haben mochten, und sich nur noch schüchtern um ihren welken Hals drängten, zu dem Wunsch – und überreichte statt des ganzen Bouquets eine einzige Rose. Er förderte den Charme, den man in ihrer Frühlingszeit vergessen hatte zu entdecken, und jünger und geschmeidiger hatte nie eine alte Dame getanzt, auch keine junge.

Auf die Hintergedanken der anderen zählend, die sich sofort verzogen, als man das ungleiche Paar sah, konnte sie freier sein als alle anderen, und ihre Unmoral bezeugte man ihr als Gelenkigkeit.

Ich wurde fröhlich, nicht etwa, weil mich das Ganze berührte, aber ich hatte sie für diesen Abend als Feindin verloren und sah mich nach einer anderen um. Gyula geleitete die vertrocknete Häßlichkeit, von ihrem eigenen Sieg überstrahlt, zurück zu ihrem Mann, der sie verwirrt in Empfang nahm und sich nach dem ersten Schluck Champagner neue Vokabeln suchen mußte. Fürstin Metternich bat um Riechsalz, und der Hofmarschall kam mit der Rose im Knopfloch, die ihm Tante Sophie in Verwahrung gegeben hatte, bevor sie der nächste zum Tanz aufforderte, und brauchte das Gewünschte.

Das Fest war gerettet, ein Hauch Charme für immer nach Ungarn abgewandert, und Gyula sprach mit Franz. Sie lachten, und Franz genoß sich selbst. Ich merkte es an der Art, wie er die beiden Treppen zu seinem Platz hochstieg und Gyula ihn in dieser Stimmung beließ. Gyula konnte also auch Kriege gewinnen, ohne die Menschen niederzustrecken, das machten sie schon selbst durch ihre Arroganz und ihren Wunsch so zu sein, wie er sie behandelte.

In ihrer Bestimmung als Gebieterin über die Zentimeter der Dekolletés, Modefürstin am Hof mit der Keckheit, sich dazu ernannt zu haben, ließ die Metternich meine auf weißer Seide eingestickten Brillanten mit ihrer Edelsteinübermacht ermatten, meine Lippen mit ihrem Rot überschreien, ihre Brust sich ausstellen als wäre sie ein eigenständiges Wesen, trug die Röcke kurz wie Napoleons Eugenie und litt darunter, doch nur als Ersatzteillager gesehen zu werden, mehr begehrt als betrachtet. Männer verachteten ihr eigenes Begehren an der Fürstin, der sie die Hand küßten wie keiner. Sie kam zu mir, wollte neben mir bestehen, und es gelang ihr, bis meine Bemerkung »Fürstin, falls Sie sich fragen, warum ich nicht immer nach der neuesten Mode gekleidet bin, die Sie kennen, so liegt das daran, daß ich sie bestimme« die Umstehenden in einer Wolke Lachen auflöste. Sie trat die Flucht in das Verzerren des Lippenstiftes an, unter dem selbst ein Archäologe niemals einen dünnen Mund hätte vermuten können. Fürstin Metternichs Geschick bestand darin, alles an ihr Häßliche zu unterstreichen und das Schöne nicht zu bemerken, und alle Welt fiel darauf herein, selbst sie. Sollte sie nun bei anderen natürlich ebene Züge anerkennen oder nur die Finesse des Ausmalens? Echte Lippen wie meine machten ihrem Schein Konkurrenz, ließen sie unsicher werden, unbeliebt bei sich selbst, böse. Ich führte das Fest – nicht nur als Kaiserin. Ich *war* das Fest. Fürstin Metternich war geschlagen, wenn auch nicht besiegt, denn von diesem Sieg wußten nur wir beide – und Gyula und Franz, aber sie hatten es für Waffenruhe, ausgelöst durch den Zauber ihrer Gegenwart, gehalten. Gyula war der erste Mann, der mir begegnete, und von Franz' Gefühlen bis zum Kronleuchter schien ihm alles zu folgen, schien er alles zu beherrschen. Ich wagte nicht zu merken, daß alles von der Kraft meiner Liebe ausging, aber ich bemerkte es doch, und ich schenkte es ihm.

»Geliebte Sisi!

Hier sitze ich nun auf meiner Insel im Starnberger See und erfreue mich und diejenigen, die daran teilhaben wollen, der Feuerwerke, während draußen das Volk kämpft. Im Land macht man ihnen Theater, Kunst, die schönsten Vorstellungen, und sie ziehen es vor, die Maler, Musiker und sich selbst zu töten. Das Volk schafft sich selbst den Krieg. Der Krieg ist nichts, das wundert, neu ist, Erfindung, erstaunenswert, er schließt sich an die menschliche Art zu leben.

Meine Minister fragen mich, was sie tun sollen; welchen Rat kann ich ihnen geben? Wie man am besten die meisten Menschen umbringt?

Was sie wollen, ist ja doch nur der Krieg, also sollen sie ihn haben. Mich aber mögen sie in Ruhe lassen. Da soll noch einer sagen, ein Volk wird vom Herrscher bestimmt!

Was soll ich tun?

Was rätst Du mir?

In inniger Liebe
auf ewig Dein Ludwig

P.S.: Vielleicht bist Du auch zu gut, um Antwort zu wissen, ich wäre vermutlich der einzige, Dir dies hoch anzurechnen.«

So sagt man nun, Ludwig sei verrückt. Ich weiß es nicht, in Anbetracht des neuen Ministers, den sie jetzt neben Grünne aufbieten, der seine Frau geschlagen hat, sein Haus anzünden wollte, nebst diverser anderer Absonderlichkeiten, ein gewisser Graf Esterházy, genannt »der geheimnisvolle Moritz« – und so einer berät Franz in der Abstimmung über Menschenleben! Bevor er im Irrenhaus gelandet ist, hat er noch fleißig den Krieg mitgeplant. Solch Haufen Verrückter tritt gegen Bismarck an. Preußen braucht eigentlich nichts anderes zu tun, als abzuwarten, bis sie sich alle in einem großen Netz der Dummheit selbst fangen. Das deutsche Riesenreich und Österreich gegen das kleine Preußen – David und Goliath. Ich weiß nicht, ob man Wahnsinnige dieser Art schützen sollte! Wenn ein Wahnsinniger Krieg spielt, wird er geehrt oder zumindest geachtet, solange er es tut – nichts zählt der Welt mehr als sie nicht zu bemerken. Wenn einer von den Verrückten sich jedoch im Narrenturm einschließt und den ganzen Tag singt, erklären sie ihn für gemeingefährlich.

Ich hatte Graf Esterházy, selbst Ungar, noch für den Einsatz um sein Land zu gewinnen versucht – jetzt weiß ich, wieso er überhaupt nicht daran interessiert gewesen war.

Die Tage vor Kriegsanbruch hatte ich mit den Kindern in Ischl verbracht, wohin Mutter mir ein Telegramm sandte: »Komme morgen Abend um acht Uhr mit Gackel und Spatz an«, das irrtümlich an das Hotel weitergeleitet wurde, das meinen Namen trug, woraufhin man ihr den Hausdiener mit zwei Vogelkäfigen zur Abholung des angekündigten Gefieders zum Bahnhof schickte. Doch ich war bereits abgereist. Zuvor war ich noch weit zu einer Marienstatue gegangen und hatte den ganzen Weg an meine kleine tote Sophie gedacht, deren Erinnerung ich bei unserem fünfwöchigen Besuch in Budapest schmerzlich gewahr wurde, wo Franz und ich in demselben Schloß wohnten wie einst mit unserer Sophie. Ich hatte sehr viel geweint, und das überflüssige An- und Auskleiden zwischen den Bällen, Empfängen und Besichtigungen war mir sekkanter als sonst. Franz hatte so manchen Anlaß allein bestehen müssen.

Kaum in der Hofburg zurück, eröffnete mir Tante Sophie, mein Sohn hätte eine halbe Identitätskrise bei ihren Hofdamen ausgelöst, und ich hätte dies zu verantworten. Zunächst hätte Rudolf den Kardinal »Vitzliputzli« genannt, was diesen anfangs erheiterte, bis er in einem Prachtband, von Max aus Mexiko geschickt, den sie ihm geschenkt hatte, die aztekische Übersetzung mit »Kinderschreck« fand. Kaum hätte mein Sohn die Wissenslücke seines Gegenübers mit der erfreulichen Erklärung schließen können, es handle sich um die ganz üblichgeläufige Bezeichnung seines aztekischen Lieblingsstammesgottes Huitzilopochtli, dessen Abbild er von Onkel Max' Postkarte kenne, als er die Frage anschloß, ob der wunderschöne goldüberzogene Huitzilopochtli denn tatsächlich von demselben Affen abstamme wie wir alle. Man lastete mir kirchenfeindliche Erziehung an – wahrscheinlich die Rache des Kardinals, den ich einmal beinahe zu Fall gebracht hatte, als er meine Schleppe für einen ihm ausgelegten roten Teppich hielt. Außerdem kein Wunder bei einer Mutter, die nicht nur der Pflicht gegenüber Hofbällen, sondern auch Fronleichnamsprozessionen widerstand. Vielleicht war ich mehr präsent als sie – ich hatte mich Franz jedenfalls immer angeboten. Wenn sie allerdings nur die Anwesenheit der Schönheit wollen, einen Götzen zum Anbeten suchen, möchte ich es sein, in ganzer Perfektion ihren Wunsch erreichen ... und ihn doch ablehnen in allem Stolz, den ein Menschenherz aufzubieten hat, das weiß, die Verehrung gilt nicht ihm. Ich hatte mich immer wieder geweigert, an Fronleichnamsprozessionen teilzunehmen, die, wie mir schien, weniger dem Herrn als dem Herumprotzen kaiserlichen Prunks galten, dessen also, was das Volk am Herrscher offen kritisierte. Wie Raubtiere im Käfig wurden wir begutachtet, vom Protokoll gebändigt, also harmlos, schritten der Kaiser, ich, der Hofstaat, alles, was die Monarchie an finanziell gutgestelltem Adel aufzubieten hatte, wie buntes Konfekt eingewickelt und wie kleine Figürchen dressiert, in einer Aufführung und zum Gaudium des Publikums. Das hatte mit dem Leben nichts zu tun; es erlaubt kein Einstudieren. Ich sollte vorgeführt werden wie eine Gefangene meines Willens, dankbar, bei rituellen Waschungen vor den Zuschauern auf den Knien rutschen zu dürfen, die eine stolze Kaiserin schon immer einmal in dieser Position wünschten. In den Spitälern hatte ich tatsächlich den Menschen beigestanden, aber hier karrte man am Gründonnerstag von Gott weiß woher vierundzwanzig verschreckte alte Leute an, erklärte den Ärmsten, die ohnehin vor Aufregung keinen Bissen herunterbekommen konnten, welche Ehre es sei, von den Majestäten verköstigt zu werden, und wusch ihnen zu ihrem Schrecken auch noch die Füße.

Den alten Damen war es peinlich, ihre nackten Beine weiter zeigen zu müssen, als es Kaiserin Eugénie auf Pariser Modefesten zustand, und ich, bestürzt über die Grausamkeit der rituellen Handlung, schämte mich.

Ich wußte nicht, wem es unangenehmer war: den alten Damen, ihre Kaiserin kniend vor sich zu finden, oder mir, ihre nackten Füße nicht verdecken zu dürfen. Das Bewußtsein gegenseitiger Pein hielt uns die Tränen zurück. Rituale sind zu Fakten verkommene Menschlichkeit, an die der Kalender erinnern muß, und deshalb verabscheue ich sie; es hatte keinen religiösen Grund. Franz fand es lasterhaft, über Religion zu sprechen, überflüssig, über Kunst eine Meinung zu haben, sie war nichts als ein in der Luft hängengebliebener Notenklang derselben Dauer. Doch der Glanz einer Prozession entsprach der Huldigung seiner Macht, und wie der Narr sich über sich selber lustig macht, feiert der Kaiser sich selbst.

Ich habe mich nur geographisch dorthin begeben, wo meine Beziehung zu Franz längst war. Ich habe nicht gewußt, daß man jemandem so nahe sein kann und gleichzeitig von ihm entfernt, und daß man so fern voneinander Sehnsucht bekommt, die nie erfüllt sich selbst genügt. Ich tat mir weh, denn ich wollte nicht immer allein sein, sondern in der Ferne jenes Fünkchen Liebe zu bedauern suchen, das ich zurückgelassen hatte – und ich versuchte mich an das Licht zu erinnern, das einmal brannte. Jetzt aber war mein Platz hier, bei meinem Mann, denn nun brauchte er *mich*. Sonst bedurfte er höchstens eines Zaubervogels, der aber nur in Freiheit singen konnte, im goldenen Käfig bloß eine welke Taube abgab und seine Aufgabe verfehlte. Ich schätzte seine Achtung zu sehr, um mich so vor ihm gehenzulassen. Krieg jedoch hat nichts zu tun mit Liebe. Krieg zieht dich auf die Erde, steht *unter* der Liebe, und ich kehrte zurück.

Bismarck hatte bereits bestehende Kontakte zu ungarischen Radikalen genutzt, welche die Loslösung vom Reich mit Revolution zu erkämpfen suchten. Die gemäßigte Gruppe rund um den weisen alten Déak und Andrássy setzte sich für einen Verbleib des Landes in der Monarchie ein. Ihre Forderung nach Rückgabe der Rechte, die sie durch den Aufstand verloren hatten, im Verlauf dessen man auch Andrássy zu Tode verurteilt hatte, fand die Unterstützung geschichtlicher Notwendigkeit. Die Heereszüge der Preußen, von einer Endlosigkeit, die sie von einem Ort beim anderen angekommen, gealtert schienen ließen, erreichten Königgrätz, und während man in den Wiener Zeitungen kaum nachkam, Admiral Tegetthoffs Sieg in Italien zu preisen, und Tante Sophie sich selbst in der Freude hochjubelte, ihr Sohn Max sei es gewesen, der noch die Marine aufgebaut hatte, schlugen preußische Soldaten die Schlacht ihres Lebens, lebte Bismarck seinen Traum; und wieder zeigte sich, daß Gott nicht die Gebiete mit den Wünschen für die anderen erfüllt, denn Preußen wurde zur Faust, die alles zerschmetterte.

Man hatte einen in Italien erfolgreichen Feldzeugmeister gezwungen, Truppen in einem Gebiet anzuführen, in dem er sich nach eigenen Warnungen nicht auskannte, doch Franz hatte keinen Widerspruch geduldet. Doch es war ein Widerspruch in sich, den Angehörigen des Erzhauses in Böhmen, Sohn des legendären Erzherzog Karl, Sieger von Aspern, einer eventuellen Niederlage gegen einen ordinären preußischen General nicht aussetzen zu lassen, und ihm nun die Schuld an dem Desaster zu geben. Franz war ruhig, schien mir nie gefaßter. Ich bewunderte ihn, und das war auch die Stelle, an der sich unser Leben traf. Franz zog sich aus dem Schmerz des Verlustes zurück, trug ihn nur noch als Gegebenheit, nicht als Person – er war zu groß. Er hatte mich zum Anlehnen. Ich empfand denselben Schmerz um unser verpfuschtes Leben, doch ich hatte niemanden zum Anlehnen, schon gar nicht ihn, der es nicht verstand, nur duldete und als großmütig gelobt wurde, was er ja auch war, mir meine Freiheiten zu lassen. Franz hatte den Krieg als Erklärung vorzuweisen – was hatte ich?

Ida, von mir bei Andrássy erbetene Vertraute, galt als Dame der Konversation, meine Vorleserin. Die Hofdamen Tante Sophies schlossen das Fräulein Ferenczy aus niedrigem Adel sogleich aus, ich somit ein, und sie stieg die Sprossen der Freundschaft innerhalb der Ewigkeit eines Augenblicks hinauf an mein Herz. Nur dieses wußte um die Bedeutung, als sie mir eine »Botschaft des Achill« überbrachte – »Achill« stand eingraviert in meiner Taschenuhr, A. wie Andrássy, A. wie Achill – beide hatten keine Ahnung, daß ich sie mir manchmal ausborgte, von einem anderen Zeitalter und für ein nächstes. Ich hatte A. nach meinem Sinn gefragt, und ihn nach jeder Zeile geküßt, und beide gleich geliebt.

»Schönste Titania, würde nun Shakespeare fühlen, Titania, meine Königin, gefallen zu den Menschen, gestürzt durch meine Macht – oder die deine? Meinem Wunsch erlegen, siegte deine Liebe, einmal Hingabe des Stachels fordert der Biene Tod. So denkst du nun, du hättest keinen Sinn. Tote haben keinen Sinn als den Sinn – diesen weiterzugeben an andere körperverhinderte Seelen, bis Gott sich erbarmt. Er wartet ja auf uns, wir werden dazwischen nur aufgehalten; je weniger man sich aufhalten läßt, je direkter man seinen Weg geht, um so schneller ist man in der Ruhe des Paradieses. Körper hindert nur, auch der Titanias, deren Sinn liegt hinter dessen Auflösung. Titanias Begierde war nicht die eines Körpers, ihr Gatte Oberon erst machte sie hingezogen zu austauschbarem Fleisch; Titania war ein Engel, gefallen für die Liebe, wie er, Oberon, sie verlangte, und das war nicht recht. Sie stürzte für ihn, und das Gift soll die Erklärung sein. Sie aber, Majestät, wenn Sie erlauben, haben kein Gift als berechtigte Ausrede, also nehmen Sie sich selbst, und Sie werden keine brauchen.

Sie lassen Hoffnung zurück, und bezahlen dafür mit Ihrer Hoffnungslosigkeit.

Sie sind eine der Märtyrerinnen Gottes, und nur Gott und diejenigen, die dieselben Qualitäten haben, werden davon wissen. Es gibt Märtyrer der Seele und Märtyrer des Körpers, das sind jene, die seliggesprochen werden, aber Heilige sind sie alle – auch Sie, Majestät. Wenn ich Sie als meine Majestät bezeichne, so nur um mich in die Schar Ihrer Untertanen einordnen zu dürfen und Ihnen in diesem Satz soviel Ewigkeit zu vermitteln, wie Sie aufzunehmen vermögen. In tiefster und höchster Verehrung zugleich verabschiede ich mich heute mit einem Zwinkern des Lebens, das immer nur Ihnen gilt,

Andrássy«

Wie immer er unterschrieben haben mochte, es verwandelte sich in Achill. Jeder Mensch hat seine Trugbilder, ich trage meinen Schloßgeist immer mit mir, und ich habe bei Gott den schönsten. Wenn ich schon Wünsche haben mußte, warum sollte es nicht das Schönste sein?

Preußen rückte vor in Richtung Wien, fünfundfünfzig Kilometer von Franz' Entschluß entfernt, bei einem Schlußkampf den Oberbefehl anzuführen. Franz sah sich an allen Fronten geschlagen, nur noch Ungarn blieb als Hoffnung.

Ich trat im Samtkleid ungarischer Tradition und Fannys Prachtfrisur den Kampf um das Land an, gegen die Radikalen und für A., obwohl man über Anarchisten nicht eigentlich siegen kann. Aber sie haben eines mit mir gemein: Ihnen wie mir ist das Ziel verwehrt – mir durch die Gegebenheiten, ihnen durch sie selbst.

Gott, vergib mir, denn ich habe gesündigt – allein durch meine Gegenwart, denn ich habe nichts mit ihr anzufangen gewußt. Doch A. ruft mich! Vom Himmel gesandt, erwähnten wir einander beide – einer Geschenk des anderen.

Ob das nicht die Liebe ist, die sich selbst erfüllt?

Macht sie sich in uns ein Geschenk? Selbstherrliche Menschenvorstellung und doch so wahr. Ich muß die Tatsache anerkennen wie mein Haar, sonst wäre ich falsch – und das bin ich nicht.

Budapest, Sisi, die Welt hat dich aufgefordert – eine Frau kann immer Nein sagen, wenn sie nur den rechten Augenblick erkennt, Jawohl zu leben. Ich küßte Franz zum Abschied vor allen die Hand.

»Franz, du machst den Bock zum Gärtner«, sagte Tante Sophie, die ihre Abneigung gegen Andrássy verschärfte, seitdem er sie persönlich bezwungen und ihr gezeigt hatte, daß sie stark genug war, zu verlieren und daraus zu gewinnen. Am Abend ihres Lebens wollte sie nichts mit dieser neuen Identität anzufangen wissen, also war sie wieder schwach genug, um zu gewinnen und dadurch den üblichen Verlust zu ziehen, der sie für immer aus sich selbst verbannte.

Ich begann, Tante Sophies Unglück zu verstehen, aber ich ertrug es nicht; auch nicht, als Mama mir erzählt hatte, daß sie sich weinend zu ihres Vaters Füßen geworfen hatte, um nicht den Mann seiner Wahl heiraten zu müssen. Ich verstand jedoch, daß sie mir neidete, allein durch meine Gegenwart das geben zu können, was sie sich unter Berufung auf Mutterpflichten und Strenge einholen mußte, doch nie ganz glücklich durch ihren Einfallsreichtum an Durchsetzungsvermögen, ohne die Genugtuung zu billigen, die ihr die Unfähigkeit meines Glücklichseins in solch privilegierter Lage durch die Verständnislosigkeit von Franz in ihrem Ursprung festigte.

Budapest schenkte sich mir in seinem ganzen Glanz. Déak und A., in deren Begrüßung, man werde eine

Kaiserin nicht im Unglück alleinlassen, Ehrerbietung lag, erwarteten mich am Bahnsteig, Rudolf war geblendet von der Majestät der Erscheinungen. Stolz über sich selbst und über mich sprach aus den Uniformen, die Werte Ehre, Würde, Brüderlichkeit und Kraft schwebten über uns und verließen mit uns das Bahnhofsgebäude, um sich über Ungarn und die Verhandlungen auszubreiten. Andrássy neidete ich nur deshalb nicht die Pracht seiner Uniform, weil ich ihm Natürliches entgegenzusetzen hatte; die seine war geborgt. Wir fuhren in offenem Wagen, und überall hatte er dieselbe Wirkung – er mochte dasselbe von mir gedacht haben, aber zusammen fühlten wir mit einem Lächeln nicht gegen, sondern mit der Welt antreten zu können; und wir fuhren in sie hinaus, verstanden, weshalb die Puszta nicht endet, und der Mensch deshalb so klein ist, ihn davor zu bewahren, anderes zu entdecken. Wir vergaßen Gott mit derselben Selbstverständlichkeit zu danken, mit der wir über sein Übel schimpften, das mich wieder Tag für Tag in die Lazarette trieb.

Und als Worte noch oben ihr Gefecht abgaben, waren wir beide untergetaucht, dorthin, wo die Zärtlichkeit für das Wunder der Begegnung ineinander übergehen läßt, bis du aufwachst, geschenkt gewonnen.

Der Wunsch nach Berührung war stärker als der Wunsch, den die Berührung zu löschen vermochte, denn es war wieder derselbe, nur entdeckt. Gyulas Wunsch und der meine blieben unser Geheimnis, und wir bewahrten es als das Kostbarste, das wir hatten, vor der Welt, sogar vor uns selbst.

Hatten wir im Verzicht mehr erlebt als andere in der Ausführung und war das das Geheimnis?

Das Geheimnis des Geheimnisses ist es, zu sein. Und dafür sollte man ihm eigentlich danken. Es beklagt sich nicht, keine andere Aufgabe erfüllen zu dürfen, es spielt sie perfekt. Ist meine dieselbe?

Meine Hofdame Gräfin Marie Festetics meint, ich denke zu viel nach über Dinge, die man nicht ändern kann, »das bringt nichts«. Vielleicht fehlt aber gerade diese Demut, es zu erkennen – ich mache mich über mich selbst lustig und bin doch manchmal wütend, es tun zu müssen, die anderen verhindern es mir in Melancholie. Sie nehmen mir mein Leben, stellen mir die Unmöglichkeit auf, nehmen dadurch meine Schuld?

»Wenn man meine Liebe nicht erkennt, ist sie auch nicht vorhanden.«

»Sehen Sie den Baum dort drüben, Majestät? Steht er nun da, ob Sie ihn erkennen oder nicht? Genauso ist es mit Ihrer Liebe.«
Ich mußte lachen. »Graf Andrássy, Sie haben jahrhundertealtes Lachen ausgegraben, es schmerzt.«

Er legte seine Hand neben die meine und tat mir nicht den Gefallen, nicht mehr wollen zu dürfen, daß er sie berührte.

Nachts hatte sich mein Körper führen lassen, ihn immer im Zentrum zu haben. Korfu leuchtete auf. Die Säulenhalle jenes Hauses, das ich noch nicht gebaut hatte, errichtete sich, und Achill erstand, begann seiner Liebe in mir ein Denkmal zu setzen. Überirdisch blitzte es, lärmte alles Leben ins Versteck, nur ich war angebunden. Alles brach ein, meine Säule stand, und die Götterstatuen waren unbeschädigt. Mein Held gehörte mir, und seine Fesseln hielten meine Liebe. Es stürmte, schneite, regnete, ich brauchte kein Kleid, nur noch Gyula, dessen sich Achills Sehnen bemächtigte, in mir zu versenken.

Ich will, daß du willst, daß ich dir nicht weglaufe, und daß du von mir verlangst, von dir zu verlangen, du mögest mir den Wunsch nach meiner Freiheit in dir schenken, denn in Wahrheit sollst du wünschen, daß ich frei bin, selbst dazu – und nur dadurch an dich gebunden, durch meine Liebe. Er ließ mich frei, sprengte die Ketten, verwarf sie der Hölle. Ein Kuß verbot dem Geschehen Eintritt, wir machten die Welt, die Nacht, die Sterne, das Leben – nichts anderes zählte als wir. Wir verlachten das Universum – deshalb müssen wir sterben. Ich würde es wieder tun. Wir schenkten dem Körper den Tod. Wir spürten das Schimmern durch die Erde, Vernunft und Ehre, durch alles und wenn der Teufel das gemacht hat, hat er Sinn. Gott machte den Körper, damit den Teufel besiegbar, verhinderte das Ärgste, denn wir verschmissen unser Leben.

Ich sah ihn an, er wußte nicht, daß wir die Nacht miteinander verbracht hatten, er hatte diese Qual noch vor sich. Vielleicht aber war er nicht in die Enge gedrängt, in der ein Wunsch entsteht, er war gewohnt zu nehmen, kannte nicht den Luxus zu verzichten, bis er mich traf, und die Liebe um sein Land, die sich mit mir vereinte, sein Ziel wurde wie ich, ein goldener Pfeil in seinem Herzen.

Gyula unterbrach mein Morgenfechten, und wandte sich an den Verlierer. Ich nahm die Maske ab, er suchte mich in meinen Haaren. »Übernehmen Sie, Gyula Andrássy!«

»Ich kämpfe nicht mit Ihnen, Majestät, nur für Sie«, sagte er laut, und flüsterte: »Ich muß Sie sprechen, Majestät, allein …«

»Beim Reiten …«

»Es gibt ein Schloß, Gödöllö, in dem ein Verwundetenlager untergebracht ist.«

So stand der Traum nun vor mir und erklärte mir, daß er jede Nacht von mir träume. Der Vulkan in mir überzog sich mit Eis. »Dabei lassen wir es bewenden.«

Er küßte mir die Hand, ich ließ es geschehen; er wußte nicht, daß ich sie jedem entzog.

»Majestät, darf ich Sie um eine Unterredung mit dem Kaiser bitten?«

»Ich bin im Begriff, meinem Gemahl einen Besuch abzustatten, seien Sie meiner Unterstützung gewiß.«

Franz hatte mich dringend um einen Besuch gebeten, er stand in Friedensverhandlungen mit Preußen, und der Ausgleich mit Ungarn war ihm nicht mehr so dringend. Österreich würde aus dem Deutschen Bund ohnehin ausscheiden, erklärte er, »es ist zweifellos in jedem Fall das beste für uns«.

Den griffigsten Spruch Tante Sophies und Franz' über die Unfähigkeit der Generäle, auf den verlorenen Krieg in Italien bezogen – »Löwen von Eseln geleitet« –, setzte Bismarck geschickt an Ludwig um. Er redete ihm ein, Löwe zu sein, während er ihn doch zum Esel machte, der dem Preußenkönig Wilhelm den gemeinsamen deutschen Staat vorschlagen und ihn um seine Unterschrift dazu bitten sollte.

»Ich spüre die Angst des Selbstmörders vor dem Ermordetwerden, Sisi«, schrieb Ludwig, und ich war mir nicht ganz sicher, ob er sich auf den Krieg bezog oder auf seine Verlobung mit meiner Schwester Sophie.

»Bismarck kannst du nicht trauen«, sagte Franz.

»Um so dringlicher ist eine Einigung mit Ungarn. Die preußische Gefahr ist längst nicht gebannt, Bismarck befindet sich in den schönsten Verhandlungen mit den ungarischen Revolutionären. Ich beschwöre dich, Andrássy zu empfangen, bevor es zu spät ist. Er ist einer der wenigen, denen du noch vertrauen kannst. Denke an deinen Sohn!«

Franz verlor auch Venedig, das er zuvor in der Hoffnung auf einen Verbündeten im geheimen an Frankreich verschenkt hatte, während in Italien noch Truppen bitter darum kämpften. In Venedig hatte ich in der Lagune die Spinnenkrabben gesehen, die aus dem wieder angeschwemmten Abfall gekrochen waren, und meinen Gedanken blieb nur der erste Augenblick der Freude über den strahlend hellen Sand. Als Rudolf die Muschel des Krebses aufnehmen wollte, sagte ich: »Nimm ihm nicht sein Haus! Er wohnt doch dort«, und ich erinnerte mich seines bestürzten Gesichtes, als er sie zurücklegte, und seines Glückes, als er den kleinen Erdenmitbewohner damit verschwinden sah.

Was blieb von Venedig, war das letzte Bild des großen Winkerkrebses – Krebs, Krabbe, Rudolf erklärte mir den Unterschied, was soll's, Hauptsache, er ist glücklich; Krebs klingt hübscher – der sich bevor die Flut kam, stolz vor sein Loch im Sand stellte, um mit seinen riesigen Scheren die Weibchen heranzuwinken, bis eine sich von seiner Höhle angezogen fühlte und ihn befreite. Ob dabei das zärtlich-verzweifelte Auf und Ab der Scheren und seine Angst um ihre Sicherheit eine Rolle spielten, weiß ich nicht, will ich auch nicht wissen. Ich stellte ihn mir ritterlich vor. So sorgt die Natur für Romantik – und irgendwo durchbrach ein kleines Licht aus einem Fenster das Schwarz. Das war Venedig – ein Winkerkrebs und ein Licht, wer brauchte Gondeln?

Der Blick genügt mir, ich brauche das, was er sieht, nicht zu besitzen. Venedigs Gegenwart in der Welt war alles, das zählte. Ich teilte Franz' Trauer um den Verlust, jedoch aus anderem Grund, wegen ihm.

Nach der Unterredung mit Andrássy und Déak ging Franz zu Tante Sophie. »Ich werde der Krönung zum König von Ungarn zustimmen.«

»Und wie will der große Beschützer aller Slawen das zum Beispiel den Slowaken erklären, den Polen oder vor allem den Tschechen? Prag wird es als unglaubliche Demütigung empfinden, wenn du dich dem Druck der Ungarn beugst.«

»Mama, Bismarck würde kaum ein Königreich Böhmen so nahe seiner Grenze dulden. Was die Slowaken betrifft, so hatten sie sich, in der ungarischen Revolution vor die Wahl gestellt, nur deshalb für uns entschieden, weil die Ungarn ihre Forderungen – dieselben übrigens, die die Ungarn nun an uns stellen, gleiche Rechte und Autonomie – mit Verhaftungen beantworteten. Von den Polen sprechen wir gar nicht erst, wir haben ihren Aufstand gegen Rußland ideell unterstützt. Galizien ist auf dem Weg, von uns größere Autonomie zu bekommen, man wird sich hüten, sich einzumischen, ganz abgesehen davon, daß an der ungarischen Revolution polnische Generäle beteiligt waren. Die russischen Truppen haben nicht nur geholfen, die Aufständischen in Ungarn, sondern auch die Polen abzuschrecken.«

Zu mir sagte Franz: »Mama hat recht. Andrássy hat sehr offen gesprochen, meinte, er wisse aus Unterredungen mit dem neuen Bundeskanzler, daß Preußen einer Doppelmonarchie mit Ungarn wohlwollend gegenüberstehe, Österreich als Bollwerk gegen Rußland in irgendeiner Weise zu schwächen ihm fernliege. Was Bismarck gewollt hätte, sei die Macht im deutschen Reich gewesen, der Ehrgeiz seines Kaisers Wilhelm durch seine eigene Kühnheit – ›nennen wir es Tollkühnheit‹, sagte er – wäre gedeckt und umgekehrt. ›Bismarck ist ein Rebell, kein Verrückter‹, fuhr er fort, ›er hat, wie Déak meint, auf den Überraschungseffekt gebaut, daß man über die anderen beinahe von selbst die Position der Stärke verhängt; dieses menschliche Zaudern, das wir Vernunft nennen, hat er übersprungen. Die Preußen waren beinahe durch die Cholera vernichtet, die Attackierten durch die Moral‹. Ich muß mir das alles erst in Ruhe durchstudieren, schau, Sisi, einen Hasen kann man nur erlegen, wenn man auf die goldene Mitte zielt. Es kommt immer nur auf die goldene Mitte an, auf den Durchschnitt einer Armee, stürmisches Draufgängertum lehne ich ab.«

»Verzeihung, Franz, aber wenn ein Jäger einmal links an einem Hasen vorbeischießt, und einmal rechts an einem Hasen vorbeischießt, dann ist der Hase im Durchschnitt tot. Genauso ist das mit dem Gegner. Manchmal muß man etwas riskieren, auch wenn man dazu gezwungen worden ist.«

Das Leben sollte Nacht, nur noch Gyula sein. Seine Schläue seit Anbeginn der Menschheit war von Adam vererbt und schürte in mir den Verdacht, daß er es war und niemand sonst, der Eva dazu anhielt, von dem verdammten Apfel zu essen, und sie tat es aus Liebe und nichts sonst. Er war großzügig genug, alles von mir zu nehmen, holte mein Lächeln, Lachen, Weinen, mein Verlangen aus dem Augenblick mit der Unerbittlichkeit des Gebenden zu sich, bis du sein warst, hoffnungslos gefangen und bedingungslos ergeben. Er wollte mich, und ich wollte mich auch; in dieser einzigen Möglichkeit, mich zu lieben, harrte ich wie ein Süchtiger der Nacht, die die Gesetze aufhob. Tote besuchten dich als Gleiche, und wenn du aufwachtest, waren sie irgendwo, wohin du ihnen nicht folgen solltest. Ich war dem Irrealen versprochen, traumvermählt, und mein Hochzeitsschmuck war die Dornenkrone. Diese vorzuschützen, als ich Mutter von den Plagen des An- und Umziehens für die Krönungsfeierlichkeiten schrieb, war nötig, um darin meiner drohenden Ohnmacht eine Pause zu gönnen; wie ich auch sang und summte, um unerträgliches Geschehen einzudämmen, zu verlangsamen für mich selbst. Ich hatte davor Gyulas Traum geträumt, erschien ihm in eine Wolke eingehüllt, die durchsichtig wurde wie das Vergessen und mich wirklich machte.

Heine mochte zu Papier wie nach einer Geliebten gegriffen haben, so entsprachen seine Verse, hastig nach der Seligkeit ausgestreckt, wo die Zeit nicht wohnte. Auch mich überfiel etwas, das das Geschehen schloß, doch kein Vers, keine Zeile, keine noch so poetische Rose und kein weißer Fliederregen konnten mich so einnehmen wie ein Gedanke an Gyula. Dorthin strebte mein Leben – Tag machte ich zu Nacht, Sonntag zu Mittwoch, jedesmal denselben Mittwoch, an dem die Möglichkeit mit einer Verbeugung wartete, immer neu für mich zu spielen. Ich bestimmte den Ausgang des Stücks, doch sie, wann es vorüber war.

Franz, dem ich am Vorabend der Krönung mein Festkleid gezeigt hatte, weiß-silber, mit schwarzer Taille, küßte mich dafür, und als ich diesmal seinem Läuten in meinem Schlafgemach nicht ausweichen konnte, kam ich mir untreu vor. Früher hätte ich ihm sagen wollen: »Gib endlich deinen Widerstand auf, gegen dich, gegen mich, und akzeptiere, daß dein Wille genügt, meine Liebe zu leiten«, heute dachte ich funktionell an ein Kind, das ich mir unter der Freude Ungarns schenkte. Ich wußte, es würde ein Mädchen werden, Marie Valerie, obwohl ich es Franz noch nicht mitteilte, der dabei war, die ersten Stunden eines Namenspatrones des heiligen Stephan festzulegen.

Die Fluten des Volkes erhoben sich, schlugen gegeneinander, teilten sich den nahezu grotesk geschmückten Wagenzügen des ungarischen Adels, goldenes Geschirr der Pferde, Schwingen, Ornamente, Felle, Glöckchen, Fahnen; bizarr und meinem Cousin Ludwig der höchste Anblick mögen sie gewesen sein, die Feuer der Nacht und der Stunde, wo das Volk regierte.

Andächtig hatte jeder, der konnte, zugesehen, als Gyula, Paladinstellvertreter in Assistenz des Fürstprimas, Franz den Mantel des heiligen Stephan anlegte und die Krone aufsetzte. Jeder, der keinen Zugang zur Kathedrale hatte, ergab sich mit um so mehr Loyalität in die Erwartung des Unbekannten, das sie als Teil des Großen erkennen ließ, und als Franz und ich heraustraten, schossen ihre Flammen zu dem mächtigsten Feuer des »Eljen« empor, das die Begeisterung je gehört hatte. Das Meer schlug zurück, und sie waren es, die Männer und Frauen Ungarns, die mir die Krone über die rechte Schulter hielten, doch ich erbebte durch Gyulas und meiner Wünsche Vereinigung, als *er* es getan hatte, nahm den ungebändigten Überschwang der Tausende als meine Huldigung für ihn an, und ich fühlte mich sicher genug, für Franz, für ihn, für alle – ich lebte den Glauben des jungen Mädchens, das einst in Possenhofen gefühlt hatte, den Kaiser von Österreich mit seinen Zöpfen und seinem Lachen verzaubert zu haben. Ich wurde gewahr, alles, das Gyula je verführt hatte, war sein Land. Es hatte ihm als einziges widerstanden, ihm allein war er bereit zu dienen, und allen, die diesem Land dienten.

Ich mußte mich damit abfinden, daß Liebe darauf wartet, gebraucht zu werden und sie wartet dabei nicht auf einen Grund, sondern auf eine Annahme. Einem Menschen waren meine Gefühle nicht ungeahnt geblieben, für ein Volk war ich richtig, so wie ich bin, und ich schloß mich ein in den Reigen des Wahns und des Glücks, der die Welt aufhorchen ließ. Ich wollte einen Mann, der mich behandelt wie eine Hochzeitsnacht – und nun hatte ich ein ganzes Volk, durch ihn gewonnen und für ihn. Das war mein Geschenk an Ungarn: ich selbst. Franz' Pferd scheute, und zwei Bischöfe, die noch nie geritten waren und die man extra auf ein Roß gesetzt hatte, fielen aus ihrer Aufgabe, doch als er den weißen Schimmel unter dem Aufbrausen der Jubelrufe zum Krönungshügel brachte, wohin man aus allen Teilen Ungarns Erde aufgeschüttet hatte, wurde es still. Der Kaiser richtete sich auf, schlug mit dem Schwert in die Himmelsrichtungen, und nun, da alles vorbei war, begann erst die Unordnung der Gefühle, aus der Ordnung der Gesetze gefallen und doch von ihnen gehalten.

Der Finanzminister warf Gold- und Silbermünzen in die Menge wie Konfetti, glühwürmchengleich blitzten sie auf im Licht der Strohhaufen, die man angezündet hatte, Gulaschkessel hingen in den Straßen, das Volk nahm teil an dem Bankett seines Kaisers, alles Schlechte war vergessen, Franz nie herzlicher willkommen gewesen. Man verbrüderte sich mit denen, die man nicht liebte, und die, die man liebte, liebte man mehr. Die Verbindung war stärker als Haß, Verachtung und Neid, und die Freude darüber währte eine Nacht durch das Wissen um ihre Endlichkeit. Der Himmel schenkte seine Sterne dazu, doch keiner beachtete sie. Verloren in den Gesängen feierten die Menschen sich selbst, dem Karneval des Schicksals ergeben, der Bitterkeit schmackhaft versüßte. Diese Euphorie hat normalerweise nur der Krieg zu bieten, am Rande des Abgrunds, Tanz auf dem Vulkan-Menschen waren losgelassen und bewegten die Erde, die Rösser spürten sie wie Gewitter, die Unruhe mußte ein Ende haben.

Als Königin von Ungarn wachte ich auf mit dem Gefühl wie nach einem gedeckten Geburtstagstisch. Die Hauptstadt lag in Verwüstung. Rauch der Gluten, Gulaschduft vermischt mit Frühling, vergraulten die Sonne, die sich beleidigt hinter einer Wolkendecke zurückzog, um sich die beschmutzten Strahlen vom Regen putzen zu lassen, Tränen eines Engels. Ein Regenbogen lag über der Stadt, und auf ihm rutschte auch schon die schwarze Gefahr aus Mexiko, die dem Fest von gestern die Vergangenheit kostbarer machte. Max war erschossen worden. Auf den Tischen standen noch Franz mit der Stephanskrone in filigranster Zuckerarbeit, riesiges Obst, von den Kindern Ungarns herbeigetragen, die Silberschatulle mit den Goldtalern, die mich an meine Bezahlung für die Hochzeitsnacht erinnerten, und die ich Witwen und Waisen gab, die die Niederschlagung der ungarischen Revolution durch die Österreicher zurückgelassen hatte, und unten im Hof graste das Pony für Rudolf, dessen Schweif in den Landesfarben eingefärbt war, als man mir den früheren Max zurückgab. Vergessen waren all der Streit und die Eifersüchteleien wegen seiner Frau Charlotte, die Spannungen, die sie der sonst unbeschwert-freien Beziehung zu ihm auferlegte, und die am Ende selbst Tante Sophie nicht mehr geheuer waren, bis sie einsehen mußte, daß Charlotte es war, die ihr den Liebling stahl, ihr Ehrgeiz hatte ihn nach Mexiko gelockt. Er war vor der Abreise noch vor seinem Schloß Miramar auf- und abgegangen, um der Traurigkeit Herr zu werden, der Unrast der Verzweiflung und der ihm selbst unverständlichen Sehnsucht nach etwas, das nie da war, aber sich in der Heimat befand, als darin das Fest des Abschieds und Charlottes Freude an ihm vorüberrauschte wie das Meer, das ihn vom Festland trennte, und nicht mehr zurückließ.

Man sagte, Charlotte sei wirr geworden; war zuerst in Paris, bei Napoleon um Unterstützung gegen die mexikanische Revolution bittend, mit einem Handkuß abgefertigt worden, der ihre Verzweiflung noch anstachelte, war dann in Rom dem Papst halbnackt entgegengerannt, woraufhin man sie für ungeheuer gefährlich hielt und in Miramar einschloß.

Sie hatte nicht die Ruhe der Irren, die das Aufgeben mit sich brachte, sie war nicht zerbrochen, sondern in ständigem Zerbrechenwollen, alle hatten ihr Unrecht getan, alle haßte sie, und das innere Urgefühl desjenigen, der an die Zivilisation und ihre Regeln nicht mehr glaubt, brach aus ihr und stürzte sich auf jeden. Charlotte war die Bestie im Menschen geworden, die schmerzverzerrt Wut ihr Gesicht beherrschen ließ. Wenn du Unglück nicht mehr bremsen kannst, lebst du es, wenn du dich für Scham nicht mehr schämen kannst, haßt du andere, die dich gedemütigt oder nicht befreit haben. Unsere ursprüngliche Angst voreinander beherrschte sie, machte sie unruhig, und ehrgeizig wie sie war, wollte sie nur noch Kampf. Charlotte gegen die ganze Welt, und die ganze Welt gegen sie. Da sie niemanden hatte, für den sie kämpfen konnte, wurde sie wahnsinnig.

Der Tod ließ nicht ab, er nahm Nenés Mann.

Kaum von der Beerdigung aus Regensburg zurück, fand mich in Ischl ein Brief Ludwigs, lavendelwassergetränkt, veilchenumklebt, ich ahnte Böses vom Schwanenritter.

Wenn in Possenhofen plötzlich mitten in der Nacht unser Schloß hell aufleuchtete, war das ein Zeichen seines Besuches bei meiner ihm versprochenen Schwester Sophie. Doch jedesmal, nachdem Mama das Dienstpersonal geweckt hatte, entschwand er wieder, es hatte aufgehört zu regnen. Er ließ sich zur Begrüßung von Sophie Wagnerarien vorsingen, ließ Portraits von ihr in der Bevölkerung verteilen, versuchte wie eine hysterische Braut die Zeit, seine Mörderin, die ihn dem angekündigten Hochzeitstermin näherzerrte, totzuschlagen, irrte magisch wolfsgleich nachts in den Bergen, und war auf seiner Rennbahn nach Innsbruck unterwegs, als Vater der Kragen platzte. Er dröhnte: »Wir brauchen keinen in der Familie, der in der Nacht den Mond anheult«, legte Ludwig unter Androhung der Verlobungsaufkündigung schriftlich auf die Einhaltung des Datums fest, und erteilte diesem damit die Absolution. Sophies Gipsbüste, die auf der Roseninsel aus dem Fenster flog – ob aus Freude oder aus Wut, sollte nie jemand erfahren – beendete den Spuk. Ludwig, leicht wie ein Vogel, entfleuchte zu Wagner nach München, und schluchzte täglich abwechselnd zu Parsifal, Lohengrin und Schillers »Kabale und Liebe«, denn sie konnten zusammen nicht kommen, in der ungeliebten Stadt.

Franz bestand auf meiner Begleitung nach Salzburg, und so konnte ich dem Besuch Napoleons nicht entkommen, der tatsächlich auf einem angestrebten Schönheitsvergleich seiner Eugénie beruhte. Außenminister Beusts Bestrebungen nach guter Verbindung zu Frankreich stellten sich meine Maße. Napoleon, in Salzburg kühl empfangen, kam, um sich bei seiner Frau zu wärmen, doch ein von Eugénie und mir als Bewacher erbetener Graf ließ ihn nicht in die Gemächer. Napoleon, sich der kühnen Eroberungen seines Großvaters erinnernd, wurde forscher, trieb den Aufpasser vor sich her durch das Schlafzimmer, dem er den ergiebigsten Anblick seines Lebens verschaffte: Er sah zwei linke Beine, die sich im Türspiegel verdoppelten, und durchgestreckt eben dabei waren, den Kampf um die Weltschönheit mit Ausgleich zu beenden. »So etwas dürfte nicht vorbeigehen wie jedes Soufflé«, flüsterte Napoleon.

Franz machte einen Gegenbesuch zur Weltausstellung nach Paris, ich zog mich in Schloß Gödöllö zurück, Krönungsgeschenk der Ungarn, und erwartete mein Kind. Der Wiener Hof griff mich deswegen an und bestätigte den Grund, weshalb ich fernblieb, um mein Kind in Liebe zu bekommen. Bevor noch die Traurigkeit ganz an mich herangetreten war, kam *sie*: Cleo, die Katzenkönigin, die ich mir als eines der Fellbündel aus der kleinen Tigerkatzentruppe Madeiras behalten hatte, spürte den Schlag, der für mich bestimmt war, stellte sich dazwischen und schnurrte ihn weg. Sie brachte diese stille Zärtlichkeit, die nur in der Intensität möglich ist, die über dem Trieb steht, und plötzlich, in der Überraschung ihrer vielen Jahre, griff die sonst Ruhige nach dem Federhalter, mit dem ich noch im Bett ein Gedicht schrieb, um mit mir zu spielen, wie ich es in ihrer Jugend mit ihr getan hatte, um zu zeigen, daß ich es war, die damit aufgehört hatte, nicht sie, und weil sie wußte, ich war nun diejenige, die es brauchte. Tiere hören niemals auf, sie selbst zu sein, Menschen tun es.

Später, als es mir besser ging, saß Cleo auf dem Sofa vis à vis meines Bettes, und als ich sie gerufen hatte, wollte sie kommen, doch ich hatte die Augen offen, und sie mochte nicht so offensichtlich gehorchen, sondern mich mit Freude überraschen. Ich wußte, sie würde kommen, und sie wußte, ich würde die Augen schließen. Ich schloß die Augen, und sie kam. Das ist das Geheimnis der Katzen.

Als ich nach der Geburt aufwachte, war Marie Valerie noch neben mir. Ich war so erstaunt darüber, daß sie mich mit riesigen dunkelblauen Augen genauso anstarrte, als gäbe es nichts sonst auf der Welt, daß ich mich ihrer Meinung anschloß, und von nun an gehörte sie mir und ich ihr. Ich nahm sie auf Schritt und Tritt in ihrem Wickelpolster mit, und Shadow und Cleo trabten hinterdrein. Dieses Kind hatte mir Ungarn geschenkt, und es würde in seiner Freiheit aufwachsen. Ich verbrachte Monate in Gödöllö mit Valerie, sprach sie selbst ungarisch an, so daß jede Möglichkeit des Hofes verwehrt war, in unsere Idylle einzudringen. Meine Tochter schaffte es, mich alle Grobheiten des Unwissens ihres Vaters vergessen zu lassen, den ich manchmal sogar ehren konnte. Kind, wir beide sitzen hier, und draußen brennt die Welt …

Da muß ich nun hinnehmen, daß meine Truppen mit dabei waren, als der Sieg über mein geliebtes Land des Sonnenkönigs gefeiert wurde, und mir war zum Heulen! Frankreich, die Wiege meiner Freude, meines Glücks – ein Grab!« Ludwig weinte über seinen eigenen Sieg. Preußen und die mit ihm verbündeten deutschen Staaten besiegten Napoleon! Eugénie befand sich auf der Flucht! Das Leben ist ein Abenteuer, wann wird es uns treffen? Wenn es so leicht ist, Kriege zu beginnen, und so schwer, selbst kleine Ungerechtigkeiten wieder abzuschaffen, wird es das Volk eines Tages selbst in die Hand nehmen. Obwohl man das ewige Schlagwort der Anarchie und der Revolution –

die Gleichheit, im Grunde jedem verhaßt, der nicht nur Zuflucht finden will – nur in der Freude am Zorn des Wahns erlebt, bevor sie noch verebbt, will man allein anerkannt sein. Ich habe Geld in die Bank Rothschilds transferieren lassen, ich glaube nicht an die Zukunft der Monarchie, die Schweiz scheint mir sicherer. Natürlich weiß Franz nichts davon, was weiß er schon von mir, aber ich will seinen Glauben an ihn selbst nicht so sehr schwächen. Es reicht, daß Tante Sophie aufgegeben hat. Dem Tod ihres zweiten Lieblingskindes, Max, ist das erste, die Monarchie, gefolgt. Gyula hat das Land gerettet, auf Neutralität bestanden, während Beust mit den Franzosen geliebäugelt hat. Es ist an der Zeit, daß der wahre Außenminister auch offiziell so genannt wird, denn für Gyula ist es kein Aufstieg, sondern ein Verdienst, und er würdigt das Amt. Tante Sophie hat den Kampf der Bayern für die Preußen nicht verkraftet, aber hätte Österreich gegen die Bayern kämpfen sollen? Die Italiener sind in Rom eingefallen, Marie ist vertrieben, Italien, seitdem sich die Österreicher zurückgezogen haben, geschlossen wie eine Wunde.

Niemand mehr ist Napoleon gram wegen seines Verrates in Italien, wegen Max, jeder fürchtet um Eugénie, sieht sein eigenes Schicksal davonrennen! Mein Gott, Valerie, wie wird deine Zukunft sein? Aber es ist nicht nur äußere Freiheit, und das Menschsein werde ich dir ermöglichen. Dir wird man nichts verbieten, was dein Herz sagt, das schwöre ich dir, dafür verbürge ich mich bis zu meinem Tod, und darüber hinaus, wenn es in meiner Macht liegt. Aber bis dahin bist du stark genug, weißt, was Freiheit ist. Jeder braucht

Gesetze und Bestimmungen, aber du wirst dir diejenigen, denen du dich unterordnest, selbst aussuchen können. Die Wahl ist die Freiheit, auch diese, den Kuchen nicht zu essen. Sie bedeutet kein Davonlaufen, sondern das schwerste und einzige: sich selbst zu leben. Viele Menschen haben für die Freiheit ihre Freiheit aufgegeben, sogar das Leben. Ich wünsche dir Stärke, mein Kind, in dir frei zu sein – und dabei glücklich.

Franz, du hältst mich gefangen in mir selbst, denn ich müßte mich verraten, um frei zu sein. Ich lebte in der Wirklichkeit der Welt nach dem Tod die Maßstäbe des Paradieses.

Shadow war müde geworden, und eines Tages kam er, legte seine Schnauze auf die Knie von Franz, der dachte, mein Hund mochte ihn nicht, weil er ihn nicht leiden konnte, gab seine große tröstende Pfote in meine Hand, sah mich an, und so blieb er, bis er seinen letzten Herzschlag geschenkt hatte. Länger hätte er es auch gar nicht ausgehalten, Shadow hatte alles gegeben. Wir begannen zu sehen, was er war, als er ging.

Der Tod räumte der Hoffnung Platz ein, die er uns als letztes Geschenk gab, doch seinem Vermächtnis standzuhalten, waren wir nur in seinem Sterben fähig, er allein war ihm gewachsen, und er nahm es mit. Mit so viel Liebe, wie ein Tier gibt, wird der Mensch in seinem ganzen Leben nicht fertig. Shadow wurde im Garten begraben, dort, wo er wild wurde, knapp hinter den Rosen. Cleo saß an seinem Grab, als ich es besuchte, und irgendwann verschwand sie. Sie war gegangen, um zu sterben, und mir ihren Tod zu ersparen. Ich schenkte ihnen einen Stern, und jedesmal, wenn ich zum Himmel sah, wußte ich, daß Cleo und Shadow gemeinsam darauf warteten. Sie warteten auf die Liebe, die ich bekam, und ich verstand, daß es in ihrem Sinn war, anderen dieser wunderbarsten und reinsten Wesen der Welt zu helfen, mir von ihnen helfen zu lassen. Horseguard war mir geblieben, und all die anderen, die eintraten und für die sich die Ausgänge des Herzens, die den Menschen offenstanden, sofort wieder verschlossen.

Gyulas Briefe, überbracht durch Liebespostillion Ida, gaben mir mehr Berechtigung als ich selbst. Er hatte mir von der gemeinsamen Orientreise mit Franz zur Eröffnung des Suez-Kanals für meine Bildersammlung der Schönheiten ein Photo des Harems aus dem Palast des Sultans geschmuggelt, Franz sandte eines von den Stallungen mit famosen Vollblütern.

Ich wollte einen Körper an mir spüren in einer begierdelosen Liebe, deren Zärtlichkeit gilt.

Als ich die Ohren des Pferdes vor mir in wacher Bewegung sah, übergab ich ihm meinen Wunsch; wir übertrugen ihn dem Wind, schneller als mein gellender Schrei, der mich still niederhielt, von der Endlosigkeit der Puszta, die uns aufnahm, beruhigt. Weite befreit die Energie, Ehrfurcht nimmt dir die Furcht, Liebe und Raserei überholen die Angst vor dem Ende. Ich erträumte mir Hände aus Wolkenwesen, die nicht sahen, nicht sprachen und nicht enttäuschten, nur zur Zärtlichkeit gemacht, wie ich mir früher einen Körper gewünscht hatte, der mich befreite.

Sei mir nicht böse, daß du mir glauben mußt, ich will nichts anderes, Gyula, ich möchte geliebt werden, einmal Liebe spüren bis zu deinem Wahnsinn und meinem wahren Sinn, wieso denke ich immer für dich? Ist meine Angst so groß, zu enttäuschen? Ja. Eher verzichte ich auf das Leben, das ich früher nur schön verlassen konnte. Dasselbe gilt nicht für dich. Komm! Ich brauche, daß du es nicht bemerkst, und mach, daß ich es nicht bemerke, *deine* Lügen machen mich am glücklichsten. Schenk mir Blumen, decke mich zu mit deiner Sommerwiese der Ideen, die meinen Körper zum Lachen bringen, lebe von mir! Nimm die Bedenken und übergib sie der Liebe, wenn du sie nicht brauchen kannst, aber wisse mit dem, was bleibt, etwas anzufangen. Sag mir, was morgen geschieht, oder laß es mich vergessen. Halt mich, davor hat die Zeit Respekt, denn geht sie vorüber, bleibe ich zurück. Faß mich zusammen und mache mich ganz wie du bist, ist doch gleich, ob aus mir anderes wird, aber laß nichts allein. Lege deine Hand auf mich, und warte, was geschieht – je länger du wartest, um so mehr geschieht, und dann befreie mich. Dir glaube ich, daß du mich liebst, was ich dir sowieso nie glaube, nur immer weiß. Wenn du aber wirklich geliebt werden willst, dann tu es nicht. Ich weiß nicht, ob du mich dazu genug liebst. Verzichte auf mich, und du gewinnst alles, was dir kein anderer geben kann. Denn ich falle nur, dich zu behalten. Wenn du mich dir ergeben machst, habe ich das Recht, dir den Weg hinaus zu versperren, läßt du es, hast du in die Liebe gefunden, dann bist du bereit.

Er küßte mich, und ich war es nicht mehr; zu empfänglich für das Leben, der Zauber verflogen, übergab ich mich Armen, die anonym waren und die ich Gyula nannte. Ich war im Sommernachtstraum. Nur mein Glaube an Gyulas Liebe hätte mich retten können. Mein Ende in den Armen des Eselskopfs, von Puck zugeführt, es war Franz, er erkannte mich nicht. Ich wehrte mich, er sagte: »Ich bin Oberon, und du bist mein Sinn.« Es war der Tod meiner Seele.

»Engel«, sagte Franz, »eröffnest du mit mir das Opernhaus? Webers ›Oberon‹ wartet auf dich, in Anlehnung an dein Lieblingsstück, den Sommernachtstraum.« Gott schenkte mir eine Migräne.

Ich erinnerte mich an meinen Schrei von gestern, aber wenn ich in mich hineinhorchte, schrie es ununterbrochen. Nur ein paar Wände trennten mich von Franz. Ob er schon schlief? Ich mußte mit einem Menschen reden, stellte mir vor, ich ginge zu Franz, legte mich neben ihn, fragte: »Wo ist die Liebe hingegangen?« Wenn ich wegrannte, wieso zwang er mich nicht zurück, in meinen Glauben an mich selbst? Franz' Verläßlichkeit bestand darin, mir Halstabletten zu besorgen, wenn ich erste Hilfe brauchte, und die anderen sahen ihn, wie er sie brachte und ich ihn dafür verachtete.

Vor der Hochzeit bin ich wegen meiner Sehnsucht nach Franz gestorben, danach durch ihn, und in Zukunft werde ich trotz ihm sterben. »Wozu braucht man Ehe, Franz?« fragte ich ihn. Er wußte nichts zu sagen, und war gescheit genug, es totzuschweigen, aus der Freundlichkeit wurde eine Pflicht; doch sein Schweigen schuf die Möglichkeit, während das meine den Verfall bestätigte. Er hatte meine Worte nicht verstanden, wie sollte er mein Schweigen verstehen? Die Gewohnheit verschaffte ihm ein Recht.

Was ich gestern erwartete, erkannte ich heute als weit hinter mir, und morgen werde ich es im Gestern treffen. In der Kindheit war alles Schöne möglich, die Tore zum Empfang des Ungekannten täglich weit geöffnet, und in Zukunft werde ich nur mehr von dem leben, was ich in Possenhofen gesucht und damals schon gehabt hatte, Hoffnung der Beginn an meinem Ende. Hoffnung stärkt das Ertragen, verlängert die Pein. Ich erkannte es an dem Gesicht von Franz am Sterbebett seiner Mutter.

Ich war bei Valerie gesessen, sie hatte Grippe, als Fanny mir über Tante Sophies schlechtes Befinden berichtete, abwartend, ob ich bestürzt sei und sie sich anschließen sollte. Dr. Seeburger hatte mich auf Franz' Anweisung genauestens informiert, woran dessen Mutter nicht litt, und der Aufzählung nach zu schließen, mußte sie eigentlich gesund sein. Doch ihr ging es so schlecht, daß ich sie dem Leben verzeihen konnte, und in ihrem Hinübergehen schien mir, als wäre sie kaum gewesen. Das gebrochene Licht des Kristalleuchters machte mir die vielen Ansichten über Tante Sophie in ihrem Sterberaum bewußt, die ihrer Etikette treu blieb bis in den Tod, nicht sich selbst. Der gesamte Hofstaat umgab sie, die Familie wurde pünktlich zu den Mahlzeiten gerufen, ich blieb, gebannt durch das, was uns allen bevorsteht, und beobachtete ihr geiziges Sterben, in dem sie sich nicht zeigte. Tante Sophie setzte Wirkung über die Wahrheit, selbst ihr letzter Atemzug war sich dieser Bedeutung bewußt.

Das Ergebnis des Verschweigens all dessen war

Bewunderung, man begrub die Kaiserin des Wiener Hofes; doch bevor sie die Augen schloß, war ich mit ihr allein, und sie schenkte mir ein Lächeln – und in diesem Aufblühen war alles vergessen, blieb mir der Augenblick vor der Hochzeit, als ich die gestrenge Frau das erste Mal hoffnungsvoll mit »Du« angesprochen hatte, spürte ich das Leben einer Sekunde, und fragte Gott, warum er ihr das angetan hatte.

Der Tod macht jedem den schönen Sonnenuntergang in den Augen der anderen, nur der Tote sieht ihn nicht mehr.

Das Leben ist nur Gelegenheit. Sein Ziel verpaßt man, indem man es sucht. Ich suche nicht mehr.

Die Ernennung Gyulas zum Außenminister enthob mich wieder einer Aufgabe, denn ich brauchte sogar seine Sorgen.

Gisela war traurig über den Abschied, den sie herbeisehnte, um in ihr eigenes Leben zu gehen. Sie heiratete Leopold, Gott sei Dank einen Prinzen von Bayern, aufrecht, lustig, lebensfroh, ein gesundes Paar. »Weine nicht, daß sie fährt, Rudolf, freu dich, daß sie dagewesen ist«, schluchzte ich. Nachdem wir gemeinsam eine Aufführung des »Sommernachtstraum« gesehen hatten – welch Affront! – wurden Gisela und Leopold von Ludwigs bisher geheimgehaltenem Wagen abgeholt, der jede Opernkulisse an Prunk in den Schatten stellte, von sechs weißen Schimmeln gezogen. Seitdem man Ludwig aus einem Heuhaufen von einem Bauernwagen gezerrt, und Mutter ihm die letzten

Federn Stroh aus dem theatralischen Haar gezupft hatte, galt sein Reitunfall als verbindendes Lachen, das selbst Sophie wieder versöhnte: »Manchmal ist Unglück eben auch Glück«, sagte er, als ihn ein Bauer und danach meine Eltern mit Sophie aufgelesen hatten, »aber nun, seit Sisi nicht mehr böse ist, ist es geradezu ein Paradies.«

Ich war ihm nicht mehr gram, aber ich fühlte mich in seiner Gegenwart nicht so wohl wie früher. Ludwig war sogar uneingeladen bei der Hochzeit Sophies mit dem Herzog von Alençon aufgekreuzt, hatte sich diesem als sein Vorgänger deklariert, und Sophies Wut konnte nur aus der Ehre kommen, die sie noch immer empfand.

Die gemäldebesetzte Kutsche strebte ihrem Besitzer entgegen, der Gisela als »Tochter meiner Angebeteten«, den Tanz des Lebens in den Augen, empfing.

»Die Realität hat keine Zukunft, aber die Liebe«, diesen tröstenden Satz, mit dem ich erwachte, schrieb ich Achill, und nur das Vergessen, wo man in der Welt die Freude versteckt hatte, während man das Unheil stets fand, sollte mich einen neuen Ausweg suchen lassen. Nun aber war ich glücklich, nahm in dem Chaos der Wiener Weltausstellung aus jedem Händedruck das Besondere, das mein Gemüt brauchte. Jeder trug dazu bei – kaum zu glauben, daß ich allein genügte, um auch all die anderen glücklich zu machen. Doch ich gab mich ganz, übernahm meine Gedanken der Krönungsfeier in Ungarn: »... und schließlich ging es ja auch um das Land, vor allem um das Land, was immer jeder einzelne darunter verstand, ich versuchte, mich unterzuordnen. Ich gebe jedem Menschen jeder Nation jederzeit die Chance, sich so zu benehmen, daß ich ihn mag.«

Gyula war gewinnend, konnte in kurzer Zeit viele Blicke sammeln, doch er maß seine Bedeutung nur dem Korb bei, in dem ich die mir geltenden für ihn bewahrte. Ich nahm dem Tag ein paar Minuten, schenkte sie meiner Unrast, deren Sklave ich bin, die mich aber immer davon abgehalten hat, Sklave anderer zu sein, als plötzlich Franz ihr verfiel. Grünne, in dem Freude mitschwang, dem Kaiser Meldungen zu überbringen wie »Es ist Krieg« oder »Das Kind ist vom Pferd gefallen«, gelang, sich in seinem Fauxpas gefangenzunehmen. Er hatte das Placement verfehlt, was dem Kaiser das »Du«-Wort anzutragen gleichkam. Das deutsche Kronprinzenpaar, dem man gemäß Gyulas Strategie der Annäherung an das neue Deutschland aufmerksames Entgegenkommen zugedacht hatte, war Richtung der neugebauten Rotunde in den Wiener Prater unterwegs, wo es der Kaiser, der dies eben in der Hofburg erfahren hatte, bereits zur Begrüßung erwarten sollte. »Wer zeichnet sich dafür verantwortlich?«

»Ich, Majestät.«

Franz' Gesichtsfarbe hatte die der Lagerfeuerromantik angenommen, und Grünne, der sich als Gesandter des Himmels für Schicksalsschläge diesem gleichgestellt, schließlich überlegen fühlte, war nun mit einem losgelassenen Kaiser konfrontiert, dessen Wut die eigene vervielfachte. Ich wurde ruhig, berührte den Arm meines Mannes und ließ sein Herz Unrecht durch Recht schlagen. Der Kaiser konnte diskret passieren, und alles fand seinen weiteren Lauf.

»Engel, ich habe heute abends noch eine Besprechung.«

»Ich weiß, Franz, ich habe heute den Burgtheaterspielplan gelesen, auf der Besetzungsliste steht Katharina Schratt.«

Er war empört, daß wegen seiner Ehrlichkeit, mir eine völlig unnötige Lüge aufgetischt zu haben, sich jederzeit der Gefahr einer inneren Verhaftung aussetzend, diese nun tatsächlich eintrat, und erinnerte sich dieses Gesprächs nur noch in der vom schlechten Gewissen ausgesandten dunklen Wolke des Vergessens, die einen sogleich umhüllt. Dann jedoch kam derjenige, der als der Mann, der Crenneville den Sonnenschirm in die Hand drückte, in die Geschichte des Hofes eingehen sollte und er lastete es diesem an: der Schah von Persien, ein kleiner Querdenker im Besitz der Allmacht oder des Wissens, sie ohne Überzeugung nicht zu besitzen, der die Gleichheit auf dem Hof mit dem Charme von Feuchtblattern herstellte und sich im Begriff befand, deren Beliebtheitsgrad zu erlangen. Er harrte meiner Schönheit. Dies gedenke er solange zu tun, erklärte er Franz, wie es die orientalische Geduld der Beanspruchung seiner Gastfreundschaft erlaube, vorausgesetzt, er, der Mittelpunkt des Weltalls, hätte nicht die Chance, mir, dem Mittelpunkt seiner Gegenwart, gegenüberzustehen das Vergnügen zu haben. Franz, um meine Hilfe ringend, sagte, er grille den ganzen Tag in unseren einstigen Flitterwochengemächern, was ja wohl das letzte sei. Das fand ich auch, nämlich ihn überhaupt dorthin zu lassen, aber wenigstens hatte einer daran seine Freude. Es versammelten sich die Minister, je mehr es wurden, um so mehr dachten sie, sie hätten recht, aber schlußendlich waren es dann doch die Hühner, die die Sache entschieden. Der Schah drehte täglich einigen von ihnen eigenhändig den Hals um. Natürlich drehte man auch in Wien den Hühnern die Hälse um, aber ich war überzeugt, man machte es eleganter. Ich verbat mir das Geschrei ihrer toten Geister in Laxenburg.

Crenneville, der unerschütterlichen Treue zu sich selbst gewisse graue Eminenz von eigenen Gnaden, fasziniert von dem Aufwand, mit dem er nichts tat, überkam das Verlangen, das Männer in einem Weltgespräch Krieg und Frieden zum Teufel schicken und das Zepter einem wackelnden Hinterteil einer Dienstbotin nachwerfen läßt, und er kniff Fanny. Fanny versteinerte wie ein erschlagenes Kaninchen, der Graf kam sich lästig vor, und suchte bei seiner in Gefahr geratenen Ehre, die nur von der Zurückhaltung ihres Lachens abzuhängen schien, einen Grund für sein Verhalten, als der Schah ihm einen Sonnenschirm in die Hand drückte.

»Der Sinn eines Menschen bestimmt sich aus der Betrachtungsweise des anderen«, sagte Fanny.

»Das war aber nicht sehr taktvoll«, meinte Marie Festetics.

»Takt ist die Eintrittskarte zu Dummheit«, schnappte Fanny.

Der Schah, der sich nicht der Bedingung meiner Schau – seiner Abreise – genierte, griff auf der Ausstellung vor Franz' Augen in die Vorzüge einer Dirne, die sie ihm anpries, nachdem er sich mit einer für die ganze Tischgesellschaft vorgesehenen Schüssel Erdbeeren gestärkt hatte. Im Morgennebel sah ich ihn mit seinem Gesindel auf meinen besten Pferden um die Blumenbeete galoppieren, dabei unaufhörlich auf die Tiere einschlagend, bis die Augen meiner lieben, stolzen, braunen Fuchsstute Casino auszutreten begannen, halb wahnsinnig vor Angst und im Schock des Widerstandes, der die Geschwindigkeit überholte. Als er sich seine Stiefel ausziehen ließ, begradigte sich das Schicksal an seiner gebückten Haltung, und Casino trat dem Schah beinahe den Hintern auseinander. Ich schenkte ihm das einzige Pferd, das er im Interesse seiner Ganzheit nicht hätte verwenden dürfen; er mußte mit der Verbeugung vor dem »unerreichbaren Diamanten in Lebensgröße«, als den er mich einstufte, annehmen, obwohl er und ich und Casino wußten, daß sie in spätestens zehn Minuten wieder verbotenerweise im Rosenbeet stünde. Es waren fünf Minuten, und ich war nicht sicher, wie lange sie schon zuvor dort gestanden war. Jedenfalls fehlten die Rosen im Beet. Der Schah hatte mir einige Sträuße davon überreicht, die ich an Crenneville weitergab, und den Rest mitgenommen. »Ich habe zugeschaut, wie sie sie gepflückt haben«, murrte Franz. Casino hatte den Siegeszug gegen den Schah angetreten und mit Bravour erledigt – wie dieser Franz. Mein Gemahl war völlig geläutert durch seine eigene Hingabe an die Freundlichkeit, deren Schaden er an den zerschlissenen Bildern seiner Ahnen ablas, an den rußigen Tapeten und den noch rauchenden Feuerstellen auf dem Traum eines Parkettbodens, an dem selbst Grünne gerne ausgerutscht war.

»Sie und Ihre Majestät haben Feinde an diesem Hof«, hatte ein Prinz aus dem Gefolge des Zaren Marie Festetics zugeflüstert, die seinen Heiratsantrag ablehnte – »Marie, verlassen Sie mich nicht! Ich brauche Sie mehr als der Prinz!« – und im Angesicht der Verwüstung erkannte ich die zärtlichere Seite des Unheils als die unerbittlichere. Gyula hatte mich in die Fürsorglichkeit dreier seiner besten Freude eingebettet: Ida, Marie Festetics und Baron Nopsca. Ihnen allein war ich zugänglich, sie würden mir immer bleiben; Gyulas Band um mich hielt.

»Ist da jemand?« Ich hörte leises Weinen aus dem dunklen Nebenraum. Die Kronleuchter waren zerschlagen. »Franz, dreh die Lampe an!«

»Ich habe doch diesem Menschen keine Lampe dagelassen, der hätte sie noch als Nachttopf verwendet! Das sind doch Stallburschen, diese Perser! Braten unter dem Kronleuchter und machen einen Palast innerhalb von Minuten zu einer Steinzeithöhle. Ich möchte mal wissen, wie dieser Mann ein Land regiert! Dort haben Häuser ja gar keine Chance!«

»So hör doch!«

Franz kam mit einer Kerze. »Kein Personal bitte, Sisi, man muß sich ja genieren! Das soll nachher der Grünne erledigen.«

Grünne war uns gefolgt. »Ich höre es auch«, flüsterte er.

Ein goldblitzender Käfig flammte auf, ein Mensch darin, schwarz – »Den hat Gott verbrannt!« kommentierte Grünne – affengleich, der Freude eines Schaubudenbesitzers entstiegen, angezogen als Lakai des Schah – »Diese Bestie!« sagte Franz – die Hände angebunden an eine Papageienstange, saß er in sich gesunken auf einer Kinderschaukel.

»Grünne, bringen Sie dieses Wesen auf der Stelle der Horde des Schah nach!«

»Sie haben Wien bereits verlassen, Eure Majestät!«

»Das auch noch!« und »Gott sei Dank!« sagte Franz und reichte mir seinen Arm. »Dieses Zimmer ist für uns gestorben!«

Ich sah das Wesen an. Es schien alles zu verstehen. Ein Schild hing um seinen Hals: »Ich heiße Rustimo.«

»Man weiß ja noch nicht einmal, was er ißt«, sagte Grünne.

»Er ist ein Mensch«, erwiderte ich.

»Das wird er vielleicht einmal, Majestät!«

Ich hatte Rustimos wegen Bedenken, ließ alle Spiegel weghängen, fühlte seine Scham in der Bestätigung anderer Blicke. Ich holte die Hunde herein, alle, die in der Nähe waren, nachdem ich Horseguards Wedeln entdeckt hatte, das mich bestärkte. Horseguard war eine Art ausgleichende Gerechtigkeit zwischen einer Kaiserin und einer eingesperrten Häßlichkeit, eines Kretins würde er selbst sagen, denn er beurteilte sich durch seine Umgebung, und er liebte Horseguard nicht wie dieser ihn nicht liebte, aber bei den Tieren konnte er sein. Sie ließen ihm die Möglichkeit zu werden, denn er hatte nie gelebt, nie einen freien Satz gesprochen, und seine Empfindungen mußte er in die Nacht verstecken. Und doch sprach er – von den Sprachen, die ich verstand – Französisch und Englisch. Rustimo war eigentlich unbeschreiblich, hatte von jeder vorstellbaren Häßlichkeit, und dennoch waren seine großen Augen und seine hilflosen Laute jene

Stellen, an denen sich mein Suchen eines Menschen fand.

»Ich möchte ihn behalten«, sagte ich.

»Wen, mein Engel, was meinst du?«

»Rustimo!«

»Wer ist Rustimo?«

»Dieses Wesen, das du eben erblickt hast.«

»Ein neuer Hund?«

»Nein, dieser schwarze traurige Mensch.«

»Soll das ein Scherz sein?«

»Nein, wirklich Franz, ich behalte ihn.«

»Ach, du behältst ihn. Ich bitte dich, Sisi! Schau, dort draußen in der Halle stehen noch die Rosen, die der Schah abgegrast hat.«

Ich mußte lachen. »Das ändert nichts daran, Franz, ich werde Rustimo behalten.«

»Und wie soll sich jemand mit ihm beschäftigen, spricht er denn überhaupt? Er war doch die ganze Zeit in einem Käfig gehalten! Solche Unmenschen! Soll der Papagei ihm Deutsch beibringen? Oder glaubst du, er braucht gar nicht zu sprechen, weil es sowieso niemand mit ihm tut?«

»*Ich* werde mit ihm sprechen ... du hältst dich ja in letzter Zeit sehr oft im Burgtheater auf.«

»Ja, dort ist die neue Besetzung, eine glänzende Schauspielerin.«

»Das glaube ich auch. Ich gönne es dir ja, Franz. Gehst du immer in die gleiche Vorstellung? Ich habe kein Vertrauen zu Schauspielern, sie lassen sich für ihre Ungeniertheit, falsch sein zu können, bezahlen. Immerhin noch besser als diese Aristokraten des Wiener Hofes, die lassen andere bezahlen, sie sind wider die

Natur. Das Gebot Gottes ›Liebe deinen Nächsten‹ erweitern sie allenfalls bis zu ihren Sitznachbarn bei adeligen Kränzchen. Wenn ich die Kranken besuche, werfen sie mir vor, daß ich nicht die Etikette einhalte, sondern wirklich die Kranken besuche, und zwar gern und unangemeldet, um die miserablen Zustände aufzudecken, die sie vertuschen wollen. Und wenn ich neben meiner Nichte Marie sitze, muß ich Leuten dieses Kreises die Schande ihrer Gegenwart ersparen, denn man hat meinem Bruder Ludwig bis heute nicht verziehen, die in den Adelsstand erhobene Henriette Mendel geheiratet zu haben. Mutter bezichtigen sie als heruntergekommen, weil ihr deren Glanz der Arroganz fehlt, so fällt er ihnen in ihrer Gegenwart besonders auf, weshalb sie ihre Gutmütigkeit nutzen, ihren Haß auf sich selbst abzustreifen. Diese Leute halten es ja nur noch untereinander aus; und wenn *ich* öfters der Arroganz, in die sie mich treiben, nicht mehr standhalten kann, nennen sie mich rebellisch, merkwürdig, eigenwillig, egoistisch – und, was ich ihnen nie verzeihen werde, kalt. Für das Volk benehme ich mich nicht kaiserlich genug, wenn ich mich nicht fünfmal am Tag umziehe, um mich begaffen zu lassen, damit sie meine Frisur kopieren können und ihre Zeitungen füllen, meist fallen ohnehin nur die Bosheiten darin auf. Sie hassen mich, weil ich mir von ihnen nicht huldigen lasse, sie erliegen dem falschen Glanz, ich werde mich nie für etwas ehren lassen, was ich nicht bin. Andererseits, benehme ich mich wie eine Kaiserin und reise mit großem Gefolge, erregt man sich bis zur Wut, daß ich dem Staat Unsummen koste – der Meinung bin ich auch, und ginge es nach mir, ich wäre wohl die erste, die sich allein auf Korfu zurückzöge. Bliebe ich also in Wien, bekümmerten sie der Aufwand des Protokolls und die Kosten des Hofstaates nicht, die für mich vorgesehen sind, diese Puppe zu erhalten, die ihnen gehört. Soll ich überhaupt nicht verreisen, sondern ihr gemeines Verhalten ertragen? Hier wird mit zweierlei Maß gemessen, und ich eigne mich vielleicht besser als Wachsfigur für Madame Tussaud, aber, wieder ein Fehler, ich lese. Eine gescheite Frau liest nicht, sonst könnte sie zu denken beginnen, und darauf kommen, daß sie gescheiter ist als die, die es ihr verbieten, und daß sie es deshalb tun.

Ich sammle Schönheit anderer auf Bildern, weil mir Schönheit an sich gefällt. Es sind ja nicht alle Leute in geistigen Grenzen gehalten, die den guten Geschmack Gottes loben, nicht alle dekadent, die den Genuß schätzen, wenn sie nur das Dahinter nicht vergessen. Gott, an den sie so glauben, hat schließlich beides gemacht, übrigens auch die Zirkusreiterin, die ich mir nach Gödöllö kommen ließ, und die bei mir im Schloß wohnte, wie unschicklich! Sie haben sie mir gleich hinter die Schlafzimmertür gelegt, denn was sonst könnte man so in seine Nähe ziehen als ein Verhältnis. Auf welche Ideen die Leute kommen, ich habe nicht einmal gewußt, daß so viel Schlechtigkeit existiert wie man durch mich erfindet! Als ich einmal Zigeuner zum Essen einlud, war es selbst den Ungarn zuviel, aber dort lasten sie es nicht meinem Charakter an. Ist es ein Wunder, daß ich Orte verlasse, bevor ich sie zu lieben beginne, wenn Menschen mich so enttäuscht haben und ich immer noch nicht die Hoffnung aufgegeben habe, irgendwo unverletzt zu bleiben?

Mich zieht nur das Gute in einem Menschen an, alles, was mich interessiert, sind Gefühle, Geist, Leidenschaft und Liebe.«

Franz entschloß sich zu begreifen, daß er nichts verstand. »Was machst du diese Woche, Sisi? Fährst du nach Bad Kissingen zur Kur?«

»Sollte ich das? Aber wenn du meinst, Franz ...«

»Engel, wie kannst du so etwas sagen, du weißt, daß ich deine Nähe brauche, deine Anwesenheit schätze, ich liebe dich, Sisi, wie kannst du so grausam sein?«

»Bin ich das? Du hast recht, ich bleibe, denn ich möchte Rustimo näher kennenlernen. Gehst du heute ins Burgtheater, Franz? Du weißt mich ja beschäftigt.«

»Du bist verrückt, Sisi!«

»Siehst du, jetzt sagst du es selbst.«

»Komm doch lieber mit mir mit!«

»Gerne, aber zuerst sehe ich nach Rustimo.«

»Also wir treffen einander um dreiviertel acht im Foyer, Sisi, wenn es dir genehm ist.«

»Wenn es dir genehm ist, Franz.«

Rudolf tröstete mich mit einem Tausendfüßler, den er vor mir mit einer Begeisterung zerlegte, die ich nicht an ihm kannte, deretwegen ich dem Drang, mich zu übergeben, widerstand. Er erklärte mir dabei eine Stunde lang die geistreichste Art, syllogistische Beweise zu überprüfen, mittels derer ein Schweizer Mathematikgenie namens Euler wissenschaftlich klarstellen konnte, daß kein Säugetier fliegen kann; alle Schweine seien Säugetiere, folglich könne kein Schwein fliegen.

»Mit Verlaub, Rudolf, daß Schweine nicht fliegen

können, ist nicht abzustreiten, aber wie ist das mit den Fledermäusen?«

Rudolf zettelte daraufhin eine ernsthafte Diskussion an, die in einem Streitgespräch zwischen dem Mathematiklehrer und dem Biologen Brehm endete, und er konfrontierte beide mit der eigenen Unlösbarkeit: »Was nützt es, daß ich gescheiter werde, wenn hinter mir ein anderer nachkommt?«

Seither gehe ich jedem Tausendfüßler aus dem Weg.

»Ich möchte wenigstens Gerechtigkeit«, sagte er zu mir.

»Sonst noch was?«

Zwischen dem Tausendfüßler und der Vorstellung wurde ich Großmutter.

Rustimo würde seine Menschlichkeit auf der Bühne besser vermitteln als Katharina Schratt, obwohl die eine lustige Person ist; ihr Ehrgeiz ist bereit, sich lächerlich zu machen, wie bei dem Empfang, den Franz ihr nach der Vorstellung gewährte. Sie verbarg ihre Nervosität in Temperament, was Franz gefiel und ich nicht verhinderte. Sie dankte es mir durch grundlegende Solidarität, die nur in meine Augen blickte und Franz unbeachtet ließ. Franz machte es durch höfliche, doch nicht allzu höfliche Komplimente wieder wett, was mich aufmerksam werden ließ, da er nicht mehr versuchte, seine Herkunft durch Demut auszugleichen. Katharina Schratt setzte unserer protokollgemäßen Steifheit ihre Einfachheit entgegen. Ich sah mich, wie ich lachend und leicht meinem Franz im Wald vor der

Hochzeit davonlief, und ich sah, wie die Schratt mich immer mehr durch ihre Freiheit besiegte, wie sie mich übernommen hatte. Nur die Rolle einer Kaiserin half mir jetzt noch, obwohl Katharina Schratt selbst keine Ahnung hatte. Ihre Ehrfurcht war echt. So wurde ich in ihren Augen die große ernsthafte Elisabeth. Sie hielt mich nie für verrückt, sie war eine der wenigen; schätzte Franz und mich gleich ein, gleich vernünftig, gleich ehrfurchtgebietend, gleich hoch. Auch wenn Franz ihr immer wieder rote Teppiche aufrollte, ihn zu necken, blieb es für sie gefällige Anstrengung, sie zu betreten, von deren Überwindung sie wie auf der Bühne zehrte. Eben diese Spannung hielt sie in der Energie, die Franz brauchte. Er suchte und fand die junge Sisi, die zuhörte, ohne zu verstehen, die große Augen machte, weil sie große Augen hatte, die glaubte, weil sie dachte, daß das Leben nicht anders bereit war zu sein. Er wußte es nur nicht, und ich würde es ihm niemals sagen.

Es war das, was er an mir liebte.

Er verteidigte es unwillkürlich, auch vor ihr – und er würde es immer tun, wenn ich ihn niemals darauf aufmerksam machte, denn dieses einzige Mal würde er verstehen. Dieser Niederlage wollte ich nicht begegnen.

Franz war froh, ich war froh, die Schratt war froh, jeder auf seine Weise; die Schratt und ich für unseren speziellen Sieg, Franz, daß er ankam und wir einander so gut verstanden. Der einzige, der sich wohlfühlte, war Franz – er war so entspannt wie nie – die Schratt überzeugte ihr eigenes Spiel in die Beruhigung, ich war die einzige Schauspielerin in diesem Raum.

Die Schratt suchte sich naturgemäß Plätze, die nicht die ihren waren. Dadurch mußte sie kämpfen, und während die anderen ihren Ehrgeiz durch die Arroganz ihrer Existenz wegräumten, gewann die Schratt. Sie verkaufte sich selbst, die anderen taten es auch, sie aber überzeugte. Wahrscheinlich war sie die einzige Freiheit, die Franz sich gönnte, wenn man von unserer Hochzeit absah, doch sie würde er sich nicht verderben.

Hier gab es keine Mutter und keine Vorschriften, außer seine, und die Schratt würde ihn immer er selbst sein lassen. Seinem Anspruch zu genügen, war die Erfüllung ihres Wesens. Folglich war sie glücklich, und er hatte sie glücklich gemacht, oder sie sich selbst, welchen Unterschied macht das. Glück bleibt Glück. So haben sich die einfachen Vorstellungen von Franz mit den ihren, seine Anforderungen von Kompliziertheit und Leid durch mich gedeckt. Er büßte bei mir, was ihn bei der Schratt glücklich machte.

Ich hatte sie von Anfang an akzeptiert, war Gefangener meiner eigenen Strategie. Denken zu müssen, ich würde dich sonst verlieren, findet auch in dir seinen Ursprung, Franz. Du hast kein Recht, mir so freundlich zu sagen, daß die Schratt gestern wieder geschrieben hat, und daß es ihr gutgehe und auf Sommerfrische so gut gefalle. Als du mich erwartungsvoll anschautest und ich »schön« zur Antwort gab, hattest du kein Recht, mich besorgt zu fragen, ob ich mich wohlfühle.

Valerie und ich fuhren nach München zu Gisela und meiner Enkelin. Rustimo, der weder sein Äußeres, noch die Reaktionen darauf beachtete, nahmen wir mit, und das Wiener Skandalgeflatter flog hinter uns her. Fürstin Metternich ist zur Furie geworden, als ihr Mann, Botschafter in Paris, losgezogen ist, schöne Frauen zu photographieren. Sie soll ihn gefragt haben, wieso er nicht bei ihr anfange, und als er sie überzeugen konnte, die Bilder seien für mich, schickte sie ihn gleich in die Gosse. Mir soll's recht sein, denn der Stolz veredelt den Körper, und der Körper die Stoffe. Ich liebte auch die Absonderlichkeiten, die ich fürchtete und die mich gleichzeitig abstießen – nicht, weil sie mir schrecklich waren, nicht schrecklicher als ich selbst. Man machte meine Seele so häßlich wie diese anders gewachsenen Menschen waren, weil sie meiner Schönheit nichts anhaben konnten, und sie machten einigen dieser Menschen ihre Seele so schön, weil sie ihrer Häßlichkeit nichts anhaben konnten. Davor fürchtete ich mich, ich war nicht stark genug, häßlich zu sein, wenn sie mich nicht einmal jung sein ließen. Wie unbarmherzig würden sie mir Verfall ankreiden, und wie gleicht man ihn aus, wenn nicht durch Seele, die ich jetzt schon habe? So trägt mich das Leben davon, den Wolken entgegen, ich flieg' lieber gleich – nein, nicht weg, ihm zu!

In München besuchte ich ein Spital mit Cholerakranken, und der Wiener Hof erregte sich erneut. Sicher hätte ich statt dessen an hunderttausend anderen Stellen anderes machen können, aber es ist wohl ziemlich egal, wo man gebraucht wird, genauso wie es unerheblich ist, an welchem Ort man sich befindet, denn man versäumt nie etwas, erlebt dafür anderes. Der Himmel hat von überall dieselbe Entfernung, dem Schöpfer begegnet man in jedem Stein.

Faschingsdienstag, Franz und Gyula weilten in St. Petersburg, schlich ich mich abends heimlich mit Ida aus der Hofburg. Eigentlich wollte ich meinen angeblich so treuen Verehrer Niky Esterházy bei einem Rendezvous mit einer verheirateten Dame beobachten, wenn man sich selbst enttäuschen kann, nützt man ja jede Gelegenheit. Im Musikvereinssaal traf Maske auf Maske, erst Narren konnten Menschen sein. Ich sah meinen Anbeter, der mir auch sofort verfiel, ich war kurz auf mich selbst eifersüchtig, dann entschwand ich mit Ida in Rot, ich lockte ganz goldgelb, in eine Loge. Ich suchte mir einen Ahnungslosen, der quer übers Parkett strebte, sandte Ida, seine Zielhaftigkeit aufzuhalten. Der junge Mann war wohlerzogen, aber nichtssagend. Ich schickte ihn weg. Er blieb stehen, sagte, es wäre unfair, nur weil es in meiner Macht liege, seine Höflichkeit gegen ihn zu verwenden, und ich bot ihm einen Stuhl an. Plötzlich stellte ich mir alle Ballbesucher mit den gleichen Schachteln über ihren Köpfen vor und lachte auf. Ich sagte es ihm.

»Homo homini lupus«, antwortete er, »darunter sind nur Wölfe und Schafe. Die Schachtel ist die einzige Form des Kommunismus, der funktioniert. Jeder vermutet den anderen darunter als Wolf… Da man aber nicht sein ganzes Leben mit Schachteln herumrennen kann, muß man sich wieder auf das gute alte Mißtrauen verlassen, dem selbst der uns Liebende anheimfällt, wenn wir nicht lieben. Im Grunde sind sich sowieso fast alle Menschen gleichgültig. Die Chance, einen Menschen kennenzulernen, hast du nur, wenn du ihn bei etwas erwischst, das er seiner Meinung nach nicht hätte tun dürfen. In diesem Augenblick ist er bereit, zu reden, alles andere ist Plauderei.«

»Und wobei kann ich dich erwischen?«

»Um mich zu erproben«, sagte er, »müßtest du eine Explosion erleben, einen Brand oder einen Schiffsuntergang. Ich kann dir nicht versprechen, ob ich dich retten würde. Ich kenne mich selbst nicht.«

Der junge Mann begann mich zu interessieren, ich opferte ihm die Wahrheit einer Nacht.

»Ich will gar nicht wissen, woher du kommst, sag mir, wohin du gehst«, sagte er, und Niky Esterházy, dem es unmöglich war, in diesem Satz, den er bei einer Tanzdrehung aufschnappte, Philosophisches zu vermuten, kam aus dem Vorbeilächeln an seiner Partnerin nicht mehr heraus. Sein Herz erkannte mich, nicht sein Verstand, hilflos blieb er seinen Blicken ausgeliefert, die sich an meine Silhouette hefteten und die Gefühle seines Abends bestimmten. Er übertrug seinen Wunsch auf den des jungen Mannes und raunte mir zu: »Hoffentlich erzählt er Ihnen nicht seine ganze Lebensgeschichte.«

Ich verriet mich ihm nicht. Den jungen Mann nannte ich Lupus. »Lupus, kann man Leidenschaft aufhalten?« Ich hörte ein klares »Ja.« In diesem Moment entfiel er meinem Leben.

Ida drängte zum Aufbruch, doch ich tanzte, bis alle

Blicke mich einmal gestreift hatten. »Wir gehen, mach's gut, Lupus, Leidenschaft mit dir.« Lupus begleitete uns bis zur Kutsche, fand seine Vernunft in der klaren Schneeluft wieder, riß an meiner Maske und wollte sich meiner Erinnerung unsterblich machen. Ida schrie auf, warf sich dazwischen, ich sprang in die Kutsche, rief »Vorwärts!«, und der eingenickte Kutscher erschrak über sein Pferd, das sofort auf mich reagierte. Schnee fiel auf das Festgewand des jungen Mannes, das Weggehen des anderen, das immer auch ein wenig Freude bereitet, und den Schmerz deswegen mochte er fühlen als die Begegnung mit mir, ein Hauch Diamantstaub in seinem Leben …

»Seine Enkelkinder werden einmal viel zu erzählen haben«, sagte ich zu Ida, »ich fürchte, er könnte glauben, ich bin die Kaiserin, aber davor fürchtet er sich Gott sei Dank vielleicht zu sehr. Ob wir mit ihm eine Korrespondenz in Maske beginnen? Ich werde ihm schreiben, ich möge keine Hunde.«

Der schöne Horseguard hatte es leicht. Sein Aussehen paßte sich seinem Charakter an. Horseguard wurde nie älter im Gesicht, nur schöner, weiser, gütiger, er wurde mein liebster Begleiter. Ich dachte an Shadow und an ein Gedicht Lord Byrons:

»Der arme Hund, des Menschen treuster Freund,
Zum Gruß bereit, zu Schutz und Trutz vereint,
Des biedres Herz nur schlägt für seinen Herrn,
Für den er kämpft und lebt und atmet gern,
Fällt ungeehrt, vom Menschen nicht beklagt,
Der Himmel wird der Seele selbst versagt,
Indes der Mensch, der Wurm, hofft auf Vergeben,
Und meint, der Himmel sei für ihn nur eben.«

Ich nahm Horseguard mit in die Normandie, denn Gutes in der Nähe macht gut. Er war es auch, der nach meinem Reitunfall über mir wachte, mir die Nase leckte, bis ich zu mir kam, und der niemanden an mich heranließ. Einige Bauern, die uns zuvor Flüche nachgerufen hatten, als wir vorbeiritten – Reiten galt in der neuen Republik als Edelsport des verhaßten Adels – kamen gelaufen, nachzusehen, ob ich mir den Hals gebrochen hätte. Einer brachte ein Glas Wasser, erst diesen ließ Horseguard nähertreten. Er stellte es in einiger Entfernung ab, so daß ich es mit den Fingerspitzen erreichen konnte. Sie wollten wissen, wer ich sei, und als ich ihnen die Wahrheit sagte, rief jeder von ihnen einen Arzt. Obersthofmeister Nopcsa hatte an vier Mediziner Goldstücke zu verteilen, die ihre Fragen beantworteten. Meine Sorge galt dem armen Pferd, das mit aufgeschundenen Knien zitternd danebenstand, und ich verlangte eine Karotte.

Gyula konnte Franz davon abhalten, mir nachzukommen, da die Lage in der neuen Republik gespannt war. Ich hatte zuvor angesichts Franz' Warnungen sogar mein Testament gemacht. Ida und Marie Festetics saßen auf den Stiegen vor meinem Zimmer, der Arzt hatte ihnen das Eintreten verboten, und ich wäre am liebsten gleich wieder bei meinem Pferd gewesen, das ich durchs Fenster sehen konnte, wenn ich mich aufsetzte.

Zwei Tage später durfte ich wieder reiten, besuchte vorher das verletzte Tier, begrüßte es Kopf an Kopf und redete mit ihm, es schnaubte leise, so blieben wir. Es legte seine weiche Schnauze in meine Hand, nur seine Kraft hatte mich verlassen, nicht seine Liebe.

Ich erinnerte mich des Fischers Boot, vom Meer beinahe verschlungen und zerstört wieder angetrieben, des Bauern Haus, vor meinen Augen abgebrannt; und ich dankte, ihrem Unglück ins Glück helfen zu dürfen, denn sie bekamen ein größeres Haus und ein schöneres Boot. Auch für den kühnen Reitlehrer, der mir gar nicht so sympathisch war, fühlte ich mich verantwortlich, denn vielleicht hatte er sein Tier meinetwegen in die Fluten geführt, aus denen beide mit knapper Not, und er mit Hilfe des Bademeisters entkommen waren. Ich wollte nicht mehr mit ihm reiten. Er war viel zu brutal im Umgang mit Pferden, immer bedacht, alles zu beherrschen, nicht achtend, daß das Lebewesen seiner Peitsche folgte, nicht ihm, kein Grund, stolz zu sein.

Marie, die freie Königin, schwärmte einen Brief lang von ihrem englischen Landsitz, gleich in der Nähe wurde ein Anwesen für mich gemietet. Meine Schwester begann mich in vielem zu imitieren, in Kleidung, meiner Vorliebe für England, sie hatte sogar die gleichen Hunde wie ich. Durch Marie Festetics wurde ich darauf aufmerksam, ich hatte mich nicht so wichtig empfunden, es zu bemerken.

Bevor ich abreiste, mußte der große weise Mann gehen, Franz Déak war gestorben. Gyula Andrássy hatte ihn seinen Vater genannt, und als ich mich knapp vor seinem Tod nach seinem Befinden erkundigt hatte, ließ er mitteilen, es ginge ihm gut; doch als er mir die Ehre eines Besuches erwies, mit mir den Nachmittagstee zu nehmen, sah ich ihm an, daß er gelogen hatte. Er bemerkte meinen Blick, sagte lächelnd: »Erst durch Negieren bestätigt so mancher Politiker die Richtigkeit der zuvor bloßen Annahme, glauben Sie niemals einem Politiker, Majestät!« Ich glaubte ihm alles.

Ich hatte zuvor solche Güte nicht gekannt, an seinem Sarg brach ich zusammen. Es war mir peinlich, daß man es mir in Ungarn hoch anrechnete, lieber ertrug ich in dem Fall den Spott der Wiener. Ich wollte nichts an Gefühl mir zugerechnet wissen, *ich* hatte diesem Mann zu danken.

»Und wenn Sie einmal nicht weiterwissen, Majestät«, hatte er mir zum Schluß gesagt, »denken Sie an Pascal. ›Das Herz hat seine Gründe, die die Vernunft nicht kennt.‹«

Valerie zupfte mich am Rocksaum, holte mich auf die Erde zurück, denn ich war ihm gefolgt.

»Liebe macht auf so vielen Plätzen Station«, sagte Gyula. Es tröstete mich nicht, aber ich wußte, was er meinte: Wenn das Lächeln aus dem Weinen kommt, ist es Weisheit. Sein Lächeln hatte mir Déak geschenkt.

Eigenartig, daß man nur von diesen Menschen bekommt, denen man selbst gar nichts gibt, auf die man nur reagiert.

Ich wollte nicht meine beste Zeit mit meinen Feinden verbringen und fuhr so schnell als möglich ab. Franz war beim Abschied noch sehr fürsorglich, aber Verrat verleidet mir den ganzen Menschen, Untreue den ganzen Mann, läßt seine guten Eigenschaften um so schrecklicher erscheinen. Franz, du hast vor Krieg weniger Angst als vor der Liebe. Ich hasse dich seit diesen Frauen, seit der ersten, trotzdem hat meine Liebe nicht aufgehört; aber ich liebe *dich* nicht genug, dir von beidem zu erzählen. Ich werde von nun an deine Gefühle mit derselben Gleichgültigkeit annehmen, mit der du meine nicht angenommen hast.

Warum geht das Verzeihen so schnell und dauert das Leiden so lang, von dem er nie etwas wissen wird? Er sieht es vielmehr als Geschenk, meine Launen zu akzeptieren. Seine Liebe hält den Zorn derer, die es auch so sehen, gegen mich ab. Ich liebe, aber soll ich ihn dafür lieben, daß er mich in diese Lage gebracht hat? Warum liebe ich dann noch? Versuche, Schuld nicht ihm zuzuweisen, sondern teile sie gleichwertig unter uns auf. Ist es die Urschuld der weiblichen Geburt, der ich nur männlich entsprechen kann? Ich kann nur Frau sein, indem ich männlich reagiere. Ich turne, ich reite, ich fechte, weil ich es kann. Ich habe die Kraft der Frau, die Energie, die Liebe aufbraucht, wenn ein Mann sie ganz annimmt, verspielt; verloren gegen Staatsgeschäfte und deine Mutter, verloren gegen deine Schwäche. Wie sollte ich mich dir in der Nacht ausliefern, wenn du mich nicht einmal tagsüber beschützen konntest, wenn die Vernunft herrscht? Sollte ich dir in meinem Element, dem Gefühl, des nachts die Führung überlassen?

Ich folgte meiner griechischen Seele, und Aristoteles sprach mich frei: »Kein Grieche soll Sklave eines anderen Griechen sein.«

Franz, nun glücklich, wenn ich glücklich war, gab, in dem Gefühl, er hätte mich zufriedengestellt, und wenn es auch nur das Reisen betraf, so hatte er doch seinen Anteil. Es war ein Problem, ihm zu erklären, daß ich ihn haßte, wenn er mich am meisten liebte, wenn er sagte: »Mein Engel, es tut mir so leid, es *war*, es wird nie wieder sein.« Ich sagte: »Gewiß.« Eigentlich war es das letzte Wort vor meiner Abreise, nur wußten wir beide, daß es für immer gelten, dieser Abschied ein Leben lang anhalten sollte, deshalb war er wohl auch so innig, sonniger als jeder Kriegsabschied. Die Verabschiedung der Innigkeit all der Kriegsabschiede und der Tränen aus der Zeit des Glaubens und des Glaubendürfens, daß die Liebe das wichtigste war, sollte gar nichts gegen das innere Erleben gewesen sein, daß die Liebe doch das wichtigste sein *kann* – trotz allem – und gegen den Schmerz, das auszuhalten.

Captain William George Middleton, genannt Bay, ein aufrechter Gentleman schottischer Abstammung, und ich hatten keine Ahnung, daß neben mir während der Reise übers Meer ein Pfeil mitflog, von Amor selbst ausgesandt, der dasselbe Ziel hatte.

Bay, der in seiner Zurückhaltung nur für mich be--wahrte Gefühle bereithielt, pilotierte mich beim Reiten und erkundete sachte die Gefahren der Gräben und Mauern, bevor ich sie übersetzte – nicht weil, sondern obwohl ich Kaiserin war, und sollte es auf der Welt einen besseren Reiter geben, hätte ich ihn gerne kennengelernt. Bay führte mich, es war eine Art Disziplin, die mich die Freiheit genießen lehrte. Er wollte niemand anderer sein als er selbst, nahm jeden an oder nicht, lebte seinem Herzen entlang.

Eines Tages wachte ich auf und bemerkte, daß ich mir entfremdet war. Bay erzählte mir das gleiche, bis wir daraufkamen, daß wir beide uns im Denken für den anderen verloren hatten. »Mysteriös, *Queen of the Chase*, mein Damm ist gebrochen, das mußte er wohl, um Ihnen zu folgen, Sie reiten wie der Teufel.« Bay öffnete alle Mauern, mein Lachen flog aus. Er und ich hatten keine Ahnung, daß ich weinen konnte ohne sichtbaren Grund. Die Natürlichkeit der Erde war ihm gegeben, die alles Peinliche einfach ins Land der anderen schlug, das Leben war ein Delphinsprung. Mein Haar sortierte Fanny seinetwegen, meine Taille erfreute durch ihn, und all die schönen Stoffe aus der ganzen Welt gab es nur für ihn, während er mir die Welt als mich bezaubernd erklärte. Wir badeten in Unvernunft, besuchten das Irrationale, lachten, wenn andere nicht wußten, warum und worüber, und fühlten uns wie die Kinder unschuldig. Er, der sich nie beugte, war geplagt, alle Annehmlichkeiten des Alltäglichen um mich zu scharen, und es schien mir, als betete er die Salzstreuer an, die ich berührt hatte, ich erfüllte jedes Detail, und es hatte für mich da zu sein. Er hatte etwas Erstauntes, das ich am anziehendsten fand, ihm fehlte jede Kompliziertheit und mir auch, alle anderen fanden das nicht. Wir waren verspielt, tauchten unter und besuchten heimlich einen Jahrmarkt, fuhren Ringelspiel, er schoß für mich eine Rose und einen Bären mit gestreiftem Schwanz und weißen Haarbüscheln an den Ohren, er sagte mir, wenn er sechzig sei, möchte er so aussehen. Wir aßen Brathuhn, und ich merkte nicht, daß ich ein halbes gegessen hatte, dazu Chips, weil es mir schmeckte wie zuletzt beim Picknick mit Vater in Possenhofen. Es war überhaupt kein Hintergedanke dabei, und so fielen uns auch die Hintergedanken der anderen nicht auf. Es war einfach zu schön, zu rein, zu einmalig selten – wie Romeo und Julia, die noch nicht wußten, daß sie einander liebten. Es war die Kinderzeit, bevor man bemerkte, daß man hübsch ist. Es war Bay.

Meine Schwester, die Bay sich geweigert hatte sie wie alle verwöhnten Damen anzuführen, konnte nicht verzeihen noch vergessen, daß sie uns in so unerbittlicher Eintracht sah. Sie bereitete Rudolf in der Intrigenfalle ein herzliches Willkommen. Marie schürte. Sie hieß es gut, wenn Rudolf sich gegenüber der Queen übermäßig charmant gab, an der ich nur ihre Jacht leiden konnte, sie war Tante Sophie auf englisch. Marie spielte Jago und machte Rudolf zu Othello. Mein Sohn brüskierte öffentlich Bay, den einzigen Mann, den ich jemals als Mensch ganz lieben durfte, bevor ich den Mann überhaupt beachtete. Er wurde ihm vorgestellt, und Rudolf wandte sich ab und ging, mit ihm meine Unbefangenheit, mein unbeschwertes Wohlfühlen, das ich bisher nur an der Rinde meines Baumes in Possenhofen gekannt hatte.

»Bay, gibt es etwas nach dem Tod?«

»Wenn Sie das nicht glauben, Königin der Jagd, sind Sie noch sehr jung.«

Franz' Vater wurde beinahe ebenso still begraben wie er gelebt hatte, mit ihm seine nach Bedarf geistige Anspruchslosigkeit, der Wunsch nach der Dummheit der Liebe; auch dieser Zusammenhalt fehlte nun bei Hof. »Ich habe als Kind wie ein Erwachsener gelebt, als Erwachsener wie ein Kind«, hatte er gesagt.

Wie das fliegende Löwenzahnschirmchen nicht mehr weiß, wer es ausgesandt hat, die Segel, den Sturm eingefangen, ihn vergessen, opponierte Rudolf gegen Franz, wobei mein Sohn in meinen Fehler verfiel, die Form der Antworten seines Vaters dem Inhalt vorzuziehen. Franz Joseph ließ ihn unerbittlich auf Beachtung warten, und Rudolfs Ideen wurden immer radikaler. Er benutzte die Strömung des liberalen Fahrwassers, das festverankerte Schiff seines Vaters zu überholen, ohne darauf zu achten, daß er sich in demselben Gewässer befand. Für Rudolf gab es kein Auskommen.

Meine weise Freundin Carmen Sylva, die es schaffte, Königin und glücklich zu sein, war an meinem Herzen vorbeigekommen, und hatte es betreten. »Glaubst du an den Teufel, Carmen Sylva?«

»Der Teufel war mein erster Mann. Ich habe ihn mehr geliebt als Gott; ihm war es weder wert, noch nötig, nachdem ich mich mit Leib und Seele geschenkt hatte, mich nach Hause zu bringen. Sein Stahlherz hat mir nicht einmal geholfen, die Verwirrung meiner Traurigkeit aufzulösen. Ich weiß jetzt, daß man den Teufel mehr lieben kann als Gott – mit einer von Gott gegebenen, in die Irre geleiteten Liebe. Irgendwann aber verrät er sich, und dann muß er sie schlagartig hergeben, holt sich sein nächstes Opfer ohne zu suchen, sie fallen ihm zu. Der Teufel lebt von den Spänen Gottes, immer wieder, und er reißt der Liebe Wunden, doch nie genug, sie zu vernichten, weil man erkennt, nicht ihn selbst, den Teufel, geliebt zu haben, sondern das, was er vorgegeben hat zu sein. Wenn man an das Gute glaubt – so war es in meinem Leben – kann einem am Ende nichts passieren. Man wurde schwerer verwundet, als man dachte überleben zu können, aber dem Bösen fehlt plötzlich die Kraft.«

»Kein Mensch wollte je den Teufel lieben, jeder ist auf der Suche nach dem Guten, aber wenn es sich nicht ergibt, ist die Enttäuschung so groß, daß man verzweifelter seine Liebe dem Bösen entgegenbringt, als man es jemals dem Guten gegenüber von sich selbst gefordert hätte.«

»Weiß Gott, wieviele Menschen den Teufel geliebt haben, und ihn dadurch besiegt, daß nie er es war, der diese Liebe für sich beanspruchen konnte, aber immer waren sie es, die ehrlich geliebt hatten. Liebe ist kein Irrtum, wenn man ihr auch in einer Maske begegnet, nur zu glauben, sie sei ein Irrtum, ist es. Jedenfalls hatte sich auch der Teufel in mich verliebt. Er sagte: ›So ein alter Esel kann sich nicht verlieben‹, und vergaß, daß er es schon längst gekonnt hatte. Es war ein Kampf um meine Seele.«

»Und wie endete er?« fragte ich.

»Der Teufel ist ins Schleudern geraten, er verfiel der Liebe, die er mir ausreden wollte, hatte sich in die Liebe verliebt, kokettierte damit, vor sich selbst nicht mehr der Teufel sein zu wollen, nur noch Liebhaber.

Er sagte ›Schlag mich!‹, und als er niemanden fand, wurde er selbst zum Sadisten. Als ich ihm den Spiegel vorhielt, meinte er, das könne er nicht sein. Es hat keinen Sinn, zum Teufel zu sagen, er ist der Teufel, denn aus all dem, was er dir angetan hat, wird er mit der Kraft eines Verzweifelten etwas suchen, das er für sich und die Allgemeinheit als unglaubwürdig hinstellen kann, obwohl es geschehen ist, um mit deren Hilfe alles andere zu verdammen, ins Lächerliche zu ziehen, für sich selbst zerstören zu können und reingewaschen aus der Asche zu steigen, was für mich gerade das Teuflische ausmacht. Ich möchte ihn davor bewahren, den Fehler zu begehen, mich zu unterschätzen, denn ich liebe noch immer; er hat mir gezeigt, daß meine Liebe grenzenlos ist, auch wenn er ihr einen irdischen Halt gesetzt hat. Er würde meine Liebe als Drohung ansehen, weil er sie nicht zerfleischen kann und nichts davon hat, das er fähig wäre daraus zu nehmen und für sich selbst zu benutzen. Seine Schuld stand ihm näher als meine Sehnsucht, zu vergeben, also versuchte er es nicht einmal, überreichte mir zum Abschied, nachdem er gesagt hatte, er wolle mich ganz, noch einen Strauß Lügen, die bei mir zu Hause voll aufgingen. Er nahm meinen Satz: ›Du bist für mich gestorben‹ mit auf seinen Weg, wer weiß, wohin.«

Ich dachte an Franz und Rudolf; auch sie führten an Details den jeweils anderen ad absurdum. Franz war der Mächtigere, saß auf seinem Thron und wartete, bis die Teppiche Löcher bekamen, während unser Sohn seine Phantasie mit Revolutionsplänen spielen ließ, aufgedeckt durch ein Spitzelsystem, das den Wiener Hof zusammenhielt, indem es trachtete, ihn auseinanderzubringen. Da jeder der Kreise rund um Franz und Rudolf darum bemüht war, gab es die beste Sicherheit für dessen Fortbestand – ein Kennzeichen der Politik.

Franz wollte nicht, daß ich mich offiziell zu der seinen äußerte – er hatte Bedenken, als Schatten Andrássys durch mich beeinflußt zur Pappfigur zu werden –, also gab ich ihm auch keine Antwort, als er mich zum russisch-türkischen Krieg und der nachfolgenden Besetzung bosnischer Gebiete befragte.

Wenn er nicht zu mir stand, wollte ich reiten, und ich ließ meinem Verlangen nach Irland freien Lauf, nachdem ich mich wieder um heimgekehrte Verwundete gekümmert und eine Hilfsorganisation gegründet hatte. Im Gegensatz zu einem bosnischen Verein mit dem Ziel, gleichzeitig Katholizismus zu verbreiten, bot meine Organisation Soforthilfe für die Kranken, und wurde gleich nach den rosa Rüschenberichten der Metternich in den Gazetten auf Seite drei erwähnt. Die Goldene Hochzeit meiner Eltern schob sich noch vor meine Abreise, und zwischen Vater und Mutter entdeckte ich eine dritte, die sich eingeschlichen hatte, die Eintracht.

Die irische Freiheitsbewegung fand sich durch meinen Aufenthalt bestärkt, die Queen brüskiert, und ich sah Bay mit den Augen der Liebe, noch bevor er eintrat und der Raum ihm gehörte. Schloß Summerhill paßte zu meinem Reitkostüm. Los ging's, den wilden Hunden nach sprangen wir dem Leben entgegen. »Jeder Zentimeter an ihr ist eine Kaiserin«, hörte ich, und doch war es die Freude. Über hundert Reiter zogen los, glücksverwirrt erkannte Bay nach dem Wassergraben mit dem Hürdenhindernis nur noch zwei neben uns im Ziel. Der Fuchs, die Gnade unseres Siegergefühls nutzend, huschte in den Gemüsegarten einer Abtei, ich sprang nichtsahnend hinterher, und der Abt schloß sich unserer Verwirrung an. Froh, mit dem Leben davongekommen zu sein, schenkte er mir seinen Mantel, ich war ebenso durchnäßt wie er, lud mich im Überschwang der Erleichterung, daß ich wieder wegreiten wollte, zu einem Rundgang ein, und der Fuchs verfluchte keuchend Irland.

Weniger schöne Dinge bereiten weniger Sorgen, Irland erforderte mehr Erkenntnis als Meinung. Für letztere sorgten eher mit pflegeleichten geistigen Gütern gesegnete Gemüter des Wiener Hofes, die im Springen, im Fliegen über Gräben etwas vorgeführt bekamen, was ihnen so fern stand wie der Mond, der es im übrigen auch nicht hinbekommt, es jedem rechtzumachen, folglich mußten sie es fangen und sezieren und dem Ganzen einen Namen geben, damit sie es einordnen konnten. Es soll ja bekanntlich nichts frei herumschweben außer sie selbst. Am besten gefiel ihnen: »Reiten ist der Ausgleich einer unbefriedigten Frau«, so nannten sie es und hatten mich darunter gefangen.

Ihr Pech war nur: Ich wußte nichts davon, und die Tatsache, daß Männer keineswegs unlustiger und bekanntlich zuhauf ritten – und das war keine Horde Unerfüllter – nahm ihnen schließlich den Grund. Man muß nicht hinter allem einen Grund suchen, nur weil man selbst nicht versteht; es ist krankhaft, Erklärungen von anderen dafür zu verlangen. Was ich am meisten verachte, sind diese Seelenklempner, die sich auf Kosten anderer wichtig tun, womöglich als Helfer getarnt, denn noch keinem ist es gelungen, eine Seele einzufangen, geschweige denn sie zu sezieren. Sie schaffen allein durch ihre Existenz ein so mieses Klima, daß sie es wagen können, sich als die einzigen anzupreisen, dieses zu beenden imstande zu sein. Eines Tages werden die Menschen auch daraus ein Geschäft machen. Einzig der Liebe obliegt und gelingt, zu erklären, doch sie begnügt sich damit zu lieben, der einzigen Hilfe, die überhaupt möglich ist. Seelenklempner, vielleicht ein Zukunftsberuf? Flohzirkusdirektor scheint mir aussichtsreicher, auf jeden Fall seriöser. Je ärmer die Leute in der Seele werden, um so mehr werden sie sie von anderen suchen lassen und dabei endgültig die Fähigkeit verlieren, sich selbst finden zu können.

Ich ziehe mich zurück, wenn ich dadurch mein Wesen wahren kann, bin nicht Gott, über andere zu richten, noch sie zu »erklären«, aber die anderen sind es auch nicht. Ich weiß nicht, ob die Menschen einsamer werden und ihre Seelen ganz verlieren, wenn sie sich einmal von Fremden einreden lassen müssen, sie könnten sie ihnen finden, wären sie für die Suche nur mit reichlich goldenem Proviant ausgestattet. Ich halte nichts von jeglicher Seelenkrämerei, aber alles von der Leidenschaft der Maler, der Dichter, Beschützer der Liebe, die mit ihrer Zauberkraft die Seele verwöhnen, überhaupt aller Liebenden. Den Romeos und Julias gehört die Welt, unwichtig, wie lange sie hier verweilt haben. Sie stellen dem Tod ein Denkmal entgegen, vor dem auch er niederkniet.

Aus einem ungarischen Dorf war eine Hochwasserkatastrophe gemeldet worden, und ich fragte mich, wie dies die offiziellen Gläubigen als Version der Gerechtigkeit anbeten konnten, als ich in das bedrängte Land abreiste. Wie billig, den Dank dafür in Hochrufen zur Silberhochzeit entgegennehmen zu dürfen. Ich sagte Gott: »Ich will keine Beruhigung, sondern eine Erklärung, außer die Beruhigung ist die Erklärung.« Ich habe immer schon nichts überflüssiger befunden, als mich an bestimmten Daten wahrzunehmen, so daß es eine Feier wurde.

Mehr berührt war ich durch Gyulas Rücktritt als Außenminister, obwohl er auf dem Berliner Kongreß gegen Bismarck aufgestanden war, um allein mit der Kraft seiner Erscheinung die Donaumonarchie zu verändern, vielleicht auch deshalb. Franz durfte sich als Gewinner Bosniens und der Herzgowina betrachten, die unter österreichische Verwaltung fielen, aber er dachte nicht daran, den internen Kampf seines Jugendfreundes, des Ministerpräsidenten und ewigen Spitzels, zu Gyulas Gunsten zu entscheiden, und er mochte ihn auch nicht bitten zu bleiben. Gyula ging, und das von ihm ausgehandelte Verteidigungsbündnis zwischen

Österreich-Ungarn und dem Deutschen Reich gegen einen eventuellen Angriff Rußlands, der »Zweibund«, erhielt nachträglich seinen Namen.

Noch einmal nahm ich teil an dem rasenden Lauf des wilden Tieres Leben, selten gewährt, in Irland unterbrochen durch die Nachricht von der Verlobung Rudolfs mit Stephanie, in England durch den Abschied von Bay.

Einmal lieben dürfen, ohne daß es ein Fehler ist!

In Schloß Gödöllö stürzte mitten in mein Nachdenken über Rudolf ein durch mich und seine Erfindung einer Veilcheneismaschine aufgeregter englischer Fabrikant, und ich gab als Bedingung, seinen Erklärungen zu folgen, Reittempo an. Er galoppierte vierzig Minuten tapfer neben mir her – Bay, wo warst du?! –, und ich hätte weitere vierzig Minuten gebraucht, um irgendetwas davon zu verstehen, half ihm aber weiter, weil er mir geholfen hatte, indem er aus England kam.

Plötzlich wurde der Nachfolger Gyulas vom Himmel abberufen, wie ich an den Tränen seiner Witwe sah. Sie stürzte vor mir auf die Erde, ich hob sie auf. Es war die Zeit, in der Worte nicht mehr ausreichten, Weinen sich anschloß, und ich sagte ihr, was mein Hund mich gelehrt hatte: »Es ist nicht in seinem Sinn …« Meine kleine Engelstochter, Tante Sophie und Franz' Vater lächelten, Shadow wedelte einmal und Cleo sah mich mit ihren großen verständigen Augen zustimmend an.

»Ich habe mich noch nicht einmal von ihm verabschiedet«, schluchzte die Frau.

»Das ist gut so.« Ich streichelte ihr Haar, dieses graue leuchtende Haar, das zuvor schwarz erschienen war.

Eines Nachts fühlte ich zwei kalte Hände links und rechts an meinem Gesicht, die mich hochhoben. Der Tod hatte mich besucht, doch er ließ ab. Ich erwachte, dachte an Rudolf.

»Wenn ich einmal ein Schnitzel essen will, muß ich mir kein Gasthaus kaufen«, hatte er gesagt, und nun doch Stephanie geheiratet. So wie ich als Kind versprochen hatte, niemals erwachsen zu werden, und wie ich Mutter damals gefragt hatte, ob bei den vielen Sprachen, die es gäbe, unsere nicht doch ganz bestimmt die richtige wäre, war ich auch diesmal nicht sicher über den rechten Verlauf. Die Dinge sind, wie sie sind, ç'est tout.

Stephanies von Belgien arrogantes Gehabe des Vorzugskindes von Geburt war sicher nicht günstig, noch dazu für Rudolf, der sich gern zu den Heurigensängern setzte und mitsang. Einer einzigen Sorge war ich enthoben; mit jeder Frau, die Rudolf unterwegs aufnahm, stieg seine Verachtung der Liebe. Das Schwache jedoch hat nur einen Triumph, aber er ist tödlich: Es kann seine Liebe entziehen. Rudolf wurde nie geliebt, noch hatte er begriffen, daß für eine Beziehung zunächst nur ein Mensch notwendig ist. Ich glaubte nicht, daß ein auf sich bedachtes Mädchen wie Stephanie, der Repräsentieren über alles ging, die Fähigkeit besaß, die Liebe eines nervösen Vollblüters zu gewinnen. Sie war wie diese Schönheiten, die die Zeit austauscht, Sternschnuppen der Künstler, der Reichen und Einflußreichen, in der Hoffnung, sie zu bestimmen, bis sie merken, daß bei einem Spaziergang am Meer nicht einmal ihre Fußspuren bleiben.

Sie lieben nicht des Malers Werk, sondern die Berühmtheit des Bildes; so sah ich Stephanie, von der ich noch nicht einmal wußte, ob sie bei einer Feuerkatastrophe bestürzt wäre, hätte man den Feuerwehrhauptmann, der ihr die Hand zur Rettung reichte, in den Saal gelassen. Napoleon erzählte einmal von einer Dame aus der Epoche der Glanzzeit seines Großvaters, sie hieß Emma und war so schön, daß selbst Goethe meinte, »man träume«. Sie saß Ritter Hamilton Modell, auf dem Sprung, Admiral Nelsons Geliebte zu werden, und als sie das Leben an Goethe streifte, sagte dieser, daß sie ihm »doch eigentlich als ein geistloses Wesen vorkomme«, das »wohl mit seiner Gestalt bezahlen, aber durch keinen seelenvollen Ausdruck in der Stimme, der Sprache sich geltend machen könne«. Und schriftlich hinterließ er in seinen Aufzeichnungen: »Und so mag es sich auch am Ende mit jenen starren Bildern verhalten. Schöne Personen gibt's überall, tiefempfindende, zugleich mit günstigen Sprachorganen versehene viel seltener, am allerseltensten solche, wo zu allem diesem noch eine einnehmende Gestalt hinzutritt.«

»Ich möchte meine Schönheit einmal nicht durch Seelenverlust in den Erzählungen ausgeglichen wissen«, schrieb ich Achill im Achilleion.

»Liebste Titania,

einmal wird jemand dein Leben mehr fühlen als du, wie du das Gedicht Heines beim Lesen stärker in dir hast als er, nachdem er es schrieb. Einmal wird ein Mann deine Liebe erkennen und eine Frau, und für diese beiden lebst du«, las ich Ida aus der Antwort vor. Wir saßen neben Heines Statue im Morgennebel des Zauberparks, der in kleinen Wölkchen die Götterfiguren umhüllte, als die Sonne durchbrach und an jene Stelle zeigte, die mich das erste Mal im Leben – nach meinem Baum in Possenhofen – stehenblieben ließ. Jeden erwischt das Gefühl, das die Landschaft bestimmt, an einem anderen Ort. »Hier zwischen diesen beiden Zypressen möchte ich begraben sein«, sagte ich zu meiner einzigen Freude, meinem Kind Valerie, das die Möve bald heimschicken wird, weil sie sie nicht mehr braucht. Valerie war keine Sünde, sie wurde mit dem Leben so gut fertig, daß es mit ihr zufrieden schien. Es amüsierte mich, wie sie den Tieren gleich schaffte, mich nicht ernstzunehmen, wenn es nötig war. Sie wurde eine Stütze, auf die ich mich verlassen konnte, weil es in ihrem Charakter lag und sie sich dafür nicht anzustrengen brauchte. Früher konnte ich in Freude auch immer Schmerz fühlen, nun bin ich froh, wenn ich in Schmerz noch ein wenig Freude empfinden darf. Jeden Tag besuche ich Heine ohne eigentlich zu wissen, warum, bis mich schließlich die Ahnung der Traurigkeit mitnimmt, die der Urgewalt des Seins entspringt, und ich mich wiederfinde in dem Hauch Leben, der uns einholt in den Herzschlag des allerersten Menschen.

Ich entsann mich der Reisen auf den Spuren Lord

Byrons, der Eindrücke des Konsuls auf Korfu, die er mir als Verfasser der »Odysseeischen Landschaften« aus seiner Gefühlswelt schenkte. Sie waren mir besonders kostbar, da der brillante Mann, der die Ungarn wie mich ablehnte, sich selbst überwand und am Ende ganz stolz war, daß ich immer noch meine Meinung hatte. Sein Leben hatte er in dieses Achilleion verbaut, seinen Tod dessen Sinn gewidmet, meinem Luftschloß ein festes Fundament gesetzt. Alexander von Warsberg, der rothaarige Patriot, der aussah wie Irland, erinnerte mich stets ein wenig an Bay ... die Toten sprachen zu mir. Bay war so gestorben, wie ich es ihm gewünscht hatte, auf einem Pferd, Genickbruch, aus – aber noch nicht so bald.

Ludwigs »die Angst des Selbstmörders vor dem Ermordetwerden« fiel mir in den Sinn. Ob er sie auch erlebt hatte, bevor man ihn im See fand, ertrunken oder ermordet, wer weiß? Man sagte, er sei verrückt geworden, aber spüren Ver-rückte nicht mehr und werden sie es vielleicht deshalb? Mein Verlangen nach Luft, solange der Körper atmen kann, manchmal ist es in mir, manchmal nicht mehr, weicht einem großen Verlachen des Lebens, dann wieder der Angst vor seiner Rache. Vater! Er war von mir gegangen, als ich eben hier in diesem Garten ein Gästezimmer ganz nach meinem Geschmack einrichten ließ. Ich hielt inne, als mich ein wütendes Ding faszinierte, das an den Rändern eines Spinnennetzes zerrte. Ein Blatt wohl, nein es war ein Schmetterling, der mit aller Gewalt um sein Leben kämpfte; ich kämpfte mit, er kam frei! In diesen Momenten muß Vater losgelassen haben, er hat nicht auf mich gewartet, wie er nie auf mich gewartet hat.

Wir sagten uns nicht »Auf Wiedersehen«, wie wir uns auch nicht »Grüß Gott« gesagt hatten; wir hatten das alles nicht nötig. Es gab keinen Anfang und kein Ende in der Liebe, und es gibt sie nicht.

Das Achilleion war mein festgehaltener Traum, mein unveränderbares Wolkenbild; ich mußte weiterziehen, war nur auf einem Schiff zu Hause, in den Blicken nach den Möven, und nur der Baum in Possenhofen führte mich manchmal heim, und Valerie in die Hofburg.

Ein Blitz schickte mich aus dem Paradies hinab in die Kaisergruft, und ich ging die Stiegen zu meinem toten Sohn, rief ihn. Grauen hallte wider, Schritte passen nicht zum Tod, er will nicht gestört werden an seiner Ruhestätte. Der schwarze Tag der Monarchie Österreich-Ungarns war vorbei, mir blieb die Nacht. Franz Joseph ließ mich an dem Begräbnis nicht beiwohnen, er wollte mich schonen: »Wenn du glaubst, kann ich hoffen.« Ich dachte, es gäbe nichts mehr, was ich fühlen könnte, aber es ist grausam: Die Zeit hält zuerst an. Du denkst, es ist nicht wahr, was da geschehen ist, weil du es nicht ertragen könntest; du gehst hinauf zu diesem Leichnam, deinem Sohn, und hier liegt er doch, vor dir, er schläft. Er bemerkt dich nicht, wie er dich so oft nicht bemerkt hat, und du ihn, was macht das schon. Du lehnst dich an seine Wange, alles mit rasendem Schmerz, ohne zu begreifen. Es ist kalt, du willst ihn zudecken – und du siehst in seine Augen: Er braucht dich nicht mehr. Sie gehören nicht mehr ihm, nicht mehr dir. Er hat keinen Blick mehr. Nur seine Seele sprichst du an. Du stehst vor ihm, stehst vor deinem toten Sohn, und er ist gegangen! Du kannst nichts mehr für ihn tun, nie wieder.

Es fällt leichter, mit seiner Seele zu sprechen, wenn der Körper nicht mehr dazwischensteht, dich nicht mehr hindert, ihn zu lieben. Und jetzt richtet sich der Schmerz voll auf, stückchenweise zersetzt er dich, jedes Organ belastet er, bis es zerbricht. Man meint, dies alles im Herzen zu spüren, und man zerfällt im Angesicht des Lebens, wie dieser Leichnam, ohne die Gnade des Erkennens. Man sieht sich im Spiegel ganz – und wenn du dann nicht an die Seele glaubst, dann bist du der Teufel. Nur der Schmerz über den Tod des geliebten Wesens kann so beleidigend zwischen dir und Gott wirken, daß du ihn negierst und somit für den Verstorbenen ein Leben nach dem Tod. Nimm es ihm nicht! Er lebt von deinem Glauben, nicht von deinem Unglauben aus Trotz, denn du kannst beides nicht wissen. Aber er war einmal, bevor er geboren, wie die Liebe und die großen Gefühle vor uns waren, die nicht auf uns gewartet haben und uns nicht fragen werden, um nach uns zu sein, zu denen wir alle einmal zurückkehren. Sie werden uns das Bestehen lehren, die Ewigkeit. Sterne nehmen wir als Symbole, was gemeinsames Spüren dazu auserkoren hat, das Hintergründige zu erahnen, unseren einzigen Respekt vor dem Nichtwissen und der Hoffnung, die uns in die Kirche treibt. Vor dem Unsichtbaren knien wir nieder, um es sichtbar zu machen.

Respekt zollen wir dem Großen, keine Anerkennung, sonst machten wir es schon hier. Entweder du nimmst teil an den großen Gefühlen, wie es Kinder tun, oder du bist allein, so einfach ist das. Einsam und allein, diese Spielereien fallen dann weg, und das Wort »allein« wird eine neue Dimension brauchen, eine eigene Ewigkeit für sich beanspruchen, wenn die Leere des Körpers einmal weg ist und der Rock mit den Orden und das Oberflächengetratsche zusammenfällt wie ein gefrorener See, auf dem alle laufen, dann wird es zu leben beginnen und die Zeit auffressen; dann wird der Tod zu leben beginnen. Der Tod aber, dem viele schon hier Einlaß gewähren, ist weniger grausam als diese. In den mächtigen Gefühlen ist die Freiheit unendlich, und die Lust, darin zu sein. Kontakt kannst du suchen, wie und wenn du ihn auch hier hattest, diesem Unbegreiflichen nachstöbern, das uns zusammenführt, nur wird es nicht mehr unbegreiflich sein.

Leise Musik spielte beim Requiem, so schön, daß sich darin ihre Namen verloren, und ich spürte den Frieden Rudolfs. Aller Glaube ist wunderbar, doch ich bin menschlich. Dies hier für den Toten zu überwinden, ist eine Vorbereitung Gottes. »Gott straft den, den er am meisten liebt«, steht irgendwo in der Bibel. Wie muß er mich lieben! Ob er Rudolf zu sich genommen hat, weil er mich strafen wollte, für meine Verwegenheit, in einer Familie mit Geisteskranken Kinder zu bekommen? Ob diejenigen, die mich hassen, zu erfolgreich zu ihm gebetet haben? Schon bei der Geburt Valeries wünschte man mir »ein Unglück«, weil sie in Ungarn geboren war. Man opfert Kinder, mir wehzutun. Welch Ungeheuer muß ich sein, daß man mich an meinen Feinden mißt! Oder sollte man Gott nicht fragen, warum? Er nimmt und gibt, alles mit einer Hand – wie der Mensch, er küßt und zieht in den Krieg. In Rudolfs Kopf war Krieg. Es gibt keine Schuld als die meine, wenn er geistig verwirrt war, wie sie sagen. Er ist aus Mayerling nicht mehr zurückgekehrt, erschossen, nicht vergiftet. Es war nicht die Hand Mary Vetseras, des Todesengels aus Liebe. Liebe kann auch töten – so oder so. »Ich kann nicht ohne dich leben«, hatte ich einmal zu Gyula gesagt, er weiß es nicht, »aber ich werde es immer für dich tun.«

Wenn ich ganz still war, innerlich, für andere erstarrt, lebte ich vielleicht am meisten, denn ich hatte dann all die schönen Gefühle in mir, die keiner wollte, all das Leben, das ich nicht leben durfte, fühlte sich in mir wohl, hatte sich in mich zurückgezogen. Nun hatte ich einen Komplizen, Rudolf. Nicht ich hatte mich vor der Welt zurückgezogen, nein, ich lebte nur noch in den Augenblicken, in denen mir die Teilnahme an den großen Gefühlen bewußt war, mein Wollen, mein Sehnen, in diesen unbegreiflichen, alle betreffenden Empfindungen, die unsere Seelen hinaustreiben in die Sehnsucht, eingefangen von den unüberwindlichen Elementen, den Sternen, dem Meer, der Stürme Macht, getrieben von den Gewalten. »Die Leidenschaft, mit der wir die Intensität suchen«, sagte Valerie, »verzweifelt, oft mit Engagement und Lebenswillen verwechselt, kann nur noch durch Ekstasen abgegolten werden, die das Menschsein uns bietet – und manchmal, wenn jemand mit uns gnädig ist, wird ein Kübel Gold vom Himmel geschüttet in Form von Regenbogen, die Belohnung Gottes. Dann erkennt einer im Lächeln eines Kindes sein Ziel, vorzugsweise nicht in seinem eigenen, denn das muß man lieben; erkennt sich selbst in einem anderen, und daß er das darf. Man nimmt teil an der Freude der anderen, erweitert das große Gefühl, was gibt es Schöneres? Wenn man Glück hat, bleibt man darin, nein, man braucht nur zu wollen.«

»Ich will«, antwortete ich. »Mein Inneres wird es mir nie verbieten, wird mir, auch wenn ich sterbe, den Genuß des Mitfühlens zuteil werden lassen, wenn ein Vogel singt. Ich werde in andere Wesen übergehen, weil ich es jetzt schon kann. Glücklichsein im *Leben* aber ist ein Ganzes, es muß aus dir kommen, dich erfüllen, du kannst nicht gleichzeitig glücklich und verzweifelt sein. Du bist verliebt, mein Kind, euphorisch ganz mit Glück beseelt, und ich kann daran teilhaben, weil ich dich liebe. Rustimo aber hat nur das Vergnügen, wenn er die Liebespärchen beschleicht, denen allein der Mond gehört, weltvergessen, und seine Rolle des Betrachters einnimmt. Für Rudolf war das Leben voll von Vergnügen, und er hat sich trotzdem erschossen. Es gibt Leute, die machen aus Vergnügen Sport, warten sogar eine Woche, bevor sie es auskosten, damit es länger anhält, aber sie sind trotzdem nicht glücklich, sie haben nur darin ihre Aufgabe.

Ich werde nach dem Tod nie allein sein, nur ein Mensch kann mir die Einsamkeit bringen, obwohl ich ihn liebe, denn durch ihn kann ich alles schöner sehen, jeden Vogel leuchtender, jeden Fluß glitzernder, die Zeit gelassen und als Freund, der mit allem, was er bringt, die Erwartung nicht enttäuscht, oder das Ende, der Abschluß, das Schwarz vor der Welt, zugezogen. Es sind seine Augen, durch die ich sehe, dieses Risiko geht jeder Liebende ein. Darum heirate, wen immer du möchtest, ich werde dich darin unterstützen, aber laß dir um Himmels Willen Zeit, denn man nimmt nicht etwa die Brille ab und sieht, nein, man schaut durch diese blinde Brille. So kann für mich die Welt auch zu Ende sein, denn ich vertraue, und ohne dem ist alles vorbei. Ich könnte sehen, aber ich will es nicht mehr ohne dieses Vertrauen, so können Menschen auch einander in der Schuld sein. Die Schuld verblaßt in geringfügigerer Liebe, durch Vernunft ersetzt. Vernunft hat in der Liebe nichts verloren, zumindest nicht in meiner, und bei Gott, ich kann sagen, daß das die Liebe ist, auch Gott kann es, sonst hätte er sie mir nicht gegeben.«

»Glaubst du an Gott, Mama?«

»Glauben, allein das Wort impliziert Beweisverbot. Ich glaube an die Liebe, aber ich unterscheide mich auch hier wesentlich von deinem Papa, der alles stoisch auf sich nimmt. Wir holen Gott aus der Liebe, indem wir Unheil, anderen widerfahren, als zu Recht billigen. Ob in dieser unseligen Übereinstimmung die Achse Mensch-Gott im Offiziellen besteht, durch die Kirche und Religionen sichtbar gemacht? Bin ich ein gläubiger Mensch, weil ich an Gott glaube und an das von ihm gemachte Gute, das ich fühle und ihm zuerkenne, an die großen Gefühle als Gerechtigkeit, und nicht an die Fehltritte Gottes, an sein eigenes von ihm so empfundenes Ausrutschen? Wenn ich von dir geliebt werde, so geschieht das vielleicht auch trotz, aber nicht wegen eines Fehlers. Nehmen die Menschen Gott vorweg, besser zu werden, ziehen sie ihm Gutes ab, indem sie Schlechtes dafür anerkennen? Brauchen sie das Gute so sehr, daß sie auch Schlechtes als Ziel setzen, um überhaupt irgendetwas zu erreichen, und machen sie es zu Gesetzen? Ich glaube, daß der Weg vorbestimmt wird, aber ich bin nicht schicksalsgläubig in diesem Sinn, daß ich Gott Unrecht an anderen vergeben kann, dann wäre ich selbst Gott; als Mensch kann ich nur betroffen sein oder mich mitzerstören lassen, und was meine Person betrifft, kann ich deinem Gott verzeihen, auch danken.«

»Glaubst du an das Absolute, Mama?«

»Ja, aber nur als Idee und im Traum gelebt.«

»Das stimmt nicht, Mama. Wenn du an das Absolute glaubst, das alles in sich vereinigt, wirst du ja nicht absprechen, daß es vorhanden ist, folglich glaubst du an den Schöpfer.«

»Ich kann glauben, daß Katharina Schratt jetzt auf einem Elefanten neben deinem Vater sitzt, und daß das Bild vollkommen ist, deswegen muß es aber noch lange nicht so sein.«

»Mama, mit dir ist es sinnlos.«

»Ich weiß es, Liebes.«

Gräfin, Ihr Hinterteil wird langsam breit, gebt ihr ein höheres Salär und tauscht sie mir gegen eine jüngere Hofdame aus, immer eine andere, so daß sie alle gleich jung und schön aussehen …

Mit meiner Tochter konnte ich noch lachen, wenn ich der neuen schnellen Hofdame Irma Sztáray erklärte, es wäre für mich der größte Luxus, den eine Heuschrecke mir gewährt, sie beobachten zu dürfen. Als dann tatsächlich eine über Fannys Frisierschürze sprang, sagte ich: »Eine Heuschrecke, du hast mir eine Heuschrecke geschenkt.« Fanny und Irma taten, als verstünden sie. Ich glaube, Franz hat mich immer am meisten geliebt, wenn ich unvernünftig war, wenn ich vor einer Heuschrecke salutierte, vor der einmaligen Kompliziertheit dieses Apparates, in dem doch ein

Herz schlägt – alles mit einer Präzision durchdacht, die Franz Josephs Heere nie erreichen können, in lächerlicher Perfektion einer Winzigkeit vorgesetzt, die diese Wichtigkeit nicht wichtig nimmt, sondern selbstverständlich hüpfend trägt, von Grashalm zu Grashalm.

Ob Franz auch all die Abenteuerfrauen geliebt hat, von denen er und sie wußten, daß sie es bleiben würden, aufgehende Blütenblätter, deren bewußt nahender Tod Intimität erzeugt, aus denen Ehrlichkeit des Augenblicks hervorgeht? Oder will man Glück nur von den eigenen Dingen empfangen, zum Beispiel von der Ehefrau, und die andere ist wie der Wind und soll sich gefälligst auch so verhalten wie der Wind? Man will nichts Schönes bei anderen sehen, was den eigenen Irrtum vergrößern könnte, nur gierig nachts vom Brunnen trinken und seinen Durst löschen, um zu Hause wieder zufrieden sein zu können? Hat er bei ihnen für mich gelernt? Sind Frauen offen gebaut und Männer drängend, weil diese den Zustand der Frau nicht fühlen können, und sonst niemals Kinder entstünden? Ist Franz mir am meisten treu, wenn er in den Armen einer anderen ist und jeder Attraktivität widersteht? Ist er bei einer anderen toleranter, was das Aussehen betrifft, weil er gar nicht will, daß sie schöner ist als ich – oder besser? Würde er am liebsten mit ihr über mich reden, wie mit der Schratt, mir mit dem Intimen, das er mit anderen hat, Gutes tun, mich einbeziehen in sein Können, zu beglücken, und dann doch bei mir bleiben, mir zeigen, welch großartigen Mann ich habe? Wie weit sollte man seinen Stolz behalten, um einem Mann zu gefallen, wann ihn aufgeben, damit er die Chance hat, meine Demütigung selbst in die Hand zu nehmen, in den Armen der anderen zu beschützen? Soll ich ihm meine Demütigung übergeben, meine Angst, meinen Stolz, mein Alles? Ich bin meiner inneren Stimme gefolgt, der Stimme der Liebe, ich *kann* mich nicht demütigen lassen. Und das sage ich, nachdem ich es zugelassen habe?

Ich beobachtete Valerie beim Tanz mit ihrem Verlobten Franz Salvator auf dem Hofball, und die Zeit lief zurück zu den Tagen, die Gyula und ich damit verbracht hatten, uns zu suchen und Blicke zuwerfen zu können, um es voreinander zu verbergen. Weiß Gott, wieviel Kühnheit es mich gekostet hatte, wegzusehen, als ich seinen Blick wie Feuer spürte und an meiner Unnachgiebigkeit zu verglühen meinte. Doch ich dachte an die Entschädigung meines Dekolletés und war Fanny für den Zauber meines Haares dankbar, das selbst mich erfreut gefangenhielt.

Ich war erstaunt gewesen über mein Aussehen, das mir die Stärke gab, es zu ertragen, und nur darauf bildete ich mir etwas ein, obwohl ich doch einem übergeordneten Wesen dankbar war. Ich konnte nichts dafür, daß die Außenmauern meiner Seele den Glanz und die Augen der Welt auf sich zogen, und ich war nicht eitel, nur weil es manchen Menschen gefiel, meine Schönheit damit zu verwechseln.

Gyula starb.

»Er war die einzige Wahrheit in deinem Leben«, sagte Valerie.

Nené sprach fröhlich englisch mit mir, als sie in den Tod ging, bis er ihr zeigte, daß man ihm nicht vorauszugehen hatte, und sie unter grauenvollen Schmerzen abholte. Nach Valeries Hochzeit mit ihrem Erzherzog Franz Salvator erwartete mich Korfu, um im Achilleion die Statuen mit der Rudolfs zu ergänzen.

In einer Nacht nahm Gott Mama, und gab Valerie ihr erstes Kind.

Ein Mädchen brachte mir Orangen, ich aß davon, lobte sie überschwenglich, was die Kleine bestärkte, mit mir weiterzusprechen. Dank Christomanos verstand ich, was sie sagte, er war ein sehr genauer Lehrer. »Ich habe ein Geheimnis.« Ein Vergnügen fiel vom Himmel. Sie hatte ihre Kaiserin in der Hand und wartete mit der Antwort, doppeltes Vergnügen. »Na, jetzt sag schon endlich, was!« drängte Christomanos. Die Kleine war beleidigt, sie so ihres Vorsprungs zu berauben, und ich fürchtete um das Geheimnis. Ich schenkte ihr mein Taschentuch mit meinem eingestickten Delphin. »Das ist das Geheimnis«, sagte sie, und ich ahnte die furchtbare Enttäuschung, nun käme der Satz: »Ich weiß, du bist die Königin.«

»Sie sind die Königin.«

»Auch nicht viel besser«, murrte ich Christomanos zu, »vielen Dank«.

Ich ließ ihn stehen, und wanderte mit dem Mädchen in die Orangenhaine. »Ich habe auch einen Delphin«, flüsterte es. »Und meiner ist viel schöner.«

»Zeigst du ihn mir bitte?

»Das kann ich nicht. Er ist im Meer. Er hat sich in einer Höhle vor den Fischern versteckt. Dort spielen wir jeden Tag. Ich gehe gleich zu ihm. Wollen Sie mitkommen? Können Königinnen schwimmen?«

Ich dachte an die wohlbeleibte Queen Victoria. »Wie die Schiffe«, sagte ich. »Christomanos, borgen Sie mir mal Ihr Hemd, ich brauche einen Vorhang. Und Sie, Irma, stellen sich dort vorne auf den Felsen, und halten Ausschau, ob niemand kommt. Fanny, schauen Sie nicht so streng, wird schon nicht so arg werden wie in Madeira mit dem Seepferdchen.«

»Du hast ja einen blauen Anker auf der Schulter!«

Wenigstens hatte er bewirkt, daß meine kleine Tauchkollegin »du« zu mir sagte. »Damit man mich auch ganz sicher nicht erkennt«, sagte ich.

»So etwas tragen normalerweise nur Piraten!«

Das Mädchen und ich tauchten hinab – und *mein* Delphin schoß auf mich zu wie das Glück. Sein ganzes Krähen entlang war ich glücklich. »Du paßt aber immer gut auf ihn auf?« fragte ich das Mädchen bittend.

»Es ist dein Delphin«, sagte sie, »und deshalb passe ich besonders gut auf ihn auf.«

Ich ließ einen Wächter für das Mädchen und den Delphin an diesem Platz zurück und er befand, es wäre die schönste Aufgabe seines Lebens.

Mich erwartete die schwerste. In Ungarn sollte ich die Milleniumsausstellung in Budapest eröffnen, tausend Jahre Reich. Ich hörte beim Tedeum in der Krönungskirche den Dank des Kardinalprimas im Namen der ganzen Nation, und als man im Thronsaal der königlichen Burg mein erstarrtes Inneres mit einem zärtlichen »Eljen!« aufbrach, spürte ich, wie meine Wangen sich währenddessen mit Leben überzogen, und wie sehr es schmerzte.

Abends, Franz schrieb der Freundin, suchte ich mich im Spiegel und fand Gyula. Er hielt mich umarmt, und wie er früher manchmal bei unseren Begegnungen den Raum verlassen mußte, weil soviel Schmerz, soviel verhinderte Liebe die Körper nicht ertragen ließ – er hatte menschlich gebremst, was göttlich nicht mehr aufzuhalten war – spürten wir die Spannung auch jetzt, er blieb.

Allein seine Stimme brach in meinem Körper das los, worauf dieser immer gewartet, sein Leben lang bereit gewesen war. Mein Körper war nun mal von Gott, und die Liebe auch, was also in drei Teufels Namen, Gyula, sollte eine Krone verhindern? Ich empfand für mich jenes Recht, das ein ganzes Land und alle Menschen, die ich kannte, selbst Gyula, verhindern wollten. *Ich* war die Krone, war meine eigene Dornenkrone. Gyula holte mich zu sich, in seine Leidenschaft, dazu gemacht, das Denken auszuschalten und das Hoffen. Ich fühlte es nicht mehr, gedeckt durch die Momente, die der Zeit, die dazwischenliegt, die Sinne rauben. Wahn braucht kein Hoffen, ineinander zu verlöschen, zu beginnen, irgendwo, zurückzufallen, irgendwohin, zu sein, ohne Fragen der Vergangenheit und Zukunft, wo die Zeit ausgelebt hat. Ich bin so sehr bereit, mich zu geben, in ein Meer aus Liebe, das das Leben überschwemmt.

Die Zeit war tot.

Ich besprach Franz eine Platte. »Baron Nopcsa, darf ich Ihnen diese Aufnahme für meinen Mann, seine Majestät, den Kaiser, überlassen, mein Vermächtnis, das ich Sie bitte, nach meinem Tod höchstvertraulich zu übergeben. Sie halten mein Herz in Händen.«

»Ich liebe dich! Franz, spiele niemals mit der Liebe, ihre Rache ist fürchterlich …«

Manchmal kostet mich das alles hier nur noch ein Lächeln. Es konnte sich auf einem schaukelnden Schiff zeigen, in einer Sturmbö oder in der Konzentration der Einsamkeit, und erschreckte meine Hofdamen, die dachten, ich wäre verrückt geworden; ich erkannte es an ihren zu höflich sich verschließenden Gesichtern. Nein, ich war nicht verrückt geworden. Ich rief nur nicht mehr alles hinaus in die Welt, behielt es in mir und konnte mich darüber freuen, wie ich die Art, in der es sich bedankte, genießen lernte.

Ich werde jetzt mit dir hinausfahren, Traum, auf See, in dem kleinen Boot, das vereinsamt am Strand liegt, als wartete es auf uns. Das Schicksal erfüllt sich heute, mit dir in diesem Boot, ich spüre es. Die Wellen werden leichter, ganz sanft und bereitwillig zu durchrudern … hier ist die Stelle! Hier werden die Gedichte verstreut, auch Heine gefiele es … Ich selbst möchte bleiben. Und du nun du, Traum! Sieh noch einmal in die Sonne! Komm …«

Sie zerriß die Gedichte und damit ihre Seele, die in einem Traum wohnte, versenkte sie im Meer, verließ sich für immer.

Kaiserin Elisabeth von Österreich, Königin von Ungarn, wurde in Genf von Luigi Lucheni erstochen. Sie wurde von einem Mann ermordet, der sich Anarchist nannte, weil auch er kein Ziel hatte. Sein Wille trieb sie mit einer Feile in den Tod – sie antwortete mit einem Lächeln.

Alles im Leben, das ihr entgegenkam, brauchte die Weite des Meeres, dessen Ende die Sehnsucht als Hoffnung erkennen läßt, und niemand, selbst der Tod nicht, wagte sie ihr zu rauben.

Das Grammophon brachte man dem erschütterten Kaiser Franz Joseph. Die zerkratzte Platte bestand nur noch aus dem, woran er glaubte: »Ich liebe dich, ich liebe dich, ich lieb ...«

Der Kaiser trug Elisabeth zu Grabe – und dachte an Sisi.

Nur wenige wußten, daß ihre Seele im Meer ruht, dort, wo die Selbstverständlichkeit zu Hause ist, mit der die Seemöven ihr Leben und ihren Tod vorbeiziehen lassen, und die Freiheit sie aufnahm.